V 843.
b.2.

ADRESSE
AUX
NATIONS SLAVES
SUR LES
DESTINÉES DU MONDE.

PAR HOËNÉ WRONSKI.

A PARIS,
DE L'IMPRIMERIE DE FIRMIN DIDOT FRÈRES,
RUE JACOB, N° 56.

AU BUREAU DU MESSIANISME,
RUE PARADIS-POISSONNIÈRE, N° 32.

15 Août. — 1847.

AVIS.

La présente Adresse aux Nations slaves se trouve à la tête de l'ouvrage intitulé :

Messianisme ou Réforme absolue du Savoir humain, nommément : Réforme des Mathématiques, comme prototype de l'accomplissement final des Sciences, et Réforme de la Philosophie, comme base de l'accomplissement final de la Religion.

Les autres ouvrages, philosophiques et mathématiques, du même auteur, sont indiqués sur le Programme des *Prolégomènes du Messianisme*, qui forment le dernier de ces ouvrages, et qui offrent, tout à la fois, et un résumé complet et une introduction générale pour la présente doctrine du Messianisme. — Ce Programme se distribue au Bureau.

CETTE

RÉFORME DU SAVOIR HUMAIN

EST DÉDIÉE

A LA FRANCE,

COMME MARQUE DE GRATITUDE
POUR LA LONGUE HOSPITALITÉ QUE L'AUTEUR A REÇUE
DANS CE NOBLE PAYS.

AUX NATIONS SLAVES!

Le messianisme, cette union finale de la philosophie et de la religion, qui, comme telle, constitue, d'une part, la philosophie absolue, et de l'autre, la religion absolue, c'est-à-dire, le paraclétisme, annoncé par Jésus-Christ, doit produire et accomplir les sept réalités fondamentales de l'homme, savoir :

1°.) Il doit fonder péremptoirement la vérité sur la terre, et réaliser ainsi la philosophie absolue.
2°.) Il doit, suivant l'Écriture-Sainte, accomplir la religion révélée, et réaliser ainsi la religion absolue, le paraclétisme.
3°.) Il doit, suivant des principes à priori, réformer et établir définitivement les sciences.
4°.) Il doit, conformément aux lois augustes de la liberté de l'homme, expliquer l'histoire.
5°.) Il doit, pour faire cesser l'actuelle tourmente politique des nations, découvrir le but suprême des États.
6°.) Il doit, par la spontanéité propre de la raison, fixer les fins absolues de l'homme.
7°.) Enfin, il doit, en vue de ces fins augustes, dévoiler les destinées respectives des différentes nations.

Or, ces grands objets du messianisme furent déclarés à la tête du dernier de nos ouvrages philosophiques, nommément à la tête des *Prolégomènes du Messianisme*, lorsque, en 1843, en y résumant les résultats obtenus dans les ouvrages antérieurs, et surtout en y complétant les principes premiers et les dernières conséquences de cette doctrine absolue, nous étions fondés, non-seulement à annoncer, mais même à constater déjà les conditions infaillibles de son accomplissement final. Et c'est après la publication de ces décisifs *Prolégomènes*

A.

qu'au centre du monde civilisé, nous adressons maintenant au Ciel, et ne cessons de répéter les plaintes solennelles que voici :

« Dein Orakel zu verkünden,
« Warum warfest du mich hin,
« In die Stadt der ewig Blinden? »

En effet, dans ce centre de la civilisation, personne ne paraît s'être aperçu de ces décisives réalités de l'homme que l'on venait d'y dévoiler. — Quelle est donc la cause de cet aveuglement des nations qui se disent civilisées, et qui, sous l'enseigne de cette civilisation, prétendent posséder les lumières du monde? — Sans nous arrêter ici à chercher et à déterminer, par un procédé méthodique, cette cause mystérieuse, nous allons la signaler immédiatement. — C'est la CERTITUDE à laquelle, à force de civilisation, sont parvenus ces peuples qui se disent éclairés, la CERTITUDE nommément de ce que l'homme ne peut découvrir la vérité, ni par conséquent connaître les conditions absolues de son existence, c'est-à-dire, précisément ces sept réalités fondamentales que nous venions de dévoiler à ces peuples civilisés. Et cette certitude ou plutôt cette CONVICTION PROPRE est tellement puissante chez ces nations soi-disant éclairées, que, ni l'évidence, ni aucun effort humain, ni même des efforts surnaturels, ne sauraient plus l'ébranler.

Ainsi, le grand résultat de la civilisation des peuples consiste à reconnaître, avec une certitude inébranlable, que l'homme ne peut découvrir la vérité, ni par conséquent connaître les conditions absolues de son existence. Et la conséquence immédiate de ce grand résultat est évidemment que l'homme ne peut, à moins d'un acte de folie, avoir d'autres intérêts que ceux de son animalité, propre ou sociale, et plus ou moins cultivée.

Il s'ensuit que, malgré le prestige des arts industriels, et même malgré l'illusion des sciences expérimentales, une telle civilisation n'est au fond, pour des êtres doués de la faculté infinie de la raison, rien autre qu'un véritable abrutissement intellectuel, surtout un abrutissement immuable, et par conséquent pire que celui des peuples sauvages, dont on peut sortir par l'éveil spontané de la raison et par le développement progressif du Verbe dans l'homme, de cette virtualité créatrice qui le rend semblable à Dieu. — Mais, tous ces arguments, quelque évidents qu'ils soient, sont nécessairement, par suite de la susdite conviction inébranlable des peuples civilisés, incompréhensibles pour eux.

Ce qu'ils comprendraient mieux peut-être, s'ils pouvaient un instant se détacher des intérêts dominants de leur vie terrestre, ce serait qu'un pareil progrès de la civilisation qui conduirait de l'abrutissement changeable ou incomplet des peuples sauvages à l'abrutissement immuable et par conséquent complet des peuples civilisés, serait une véritable ABSURDITÉ. Néanmoins, quand même nos peuples civilisés parviendraient à comprendre cette frappante absurdité, ils préféreraient en subir toutes les conséquences plutôt que de renoncer à leur inébranlable conviction que l'homme ne peut découvrir la vérité absolue.

Or, les conséquences manifestes de cette absurdité, pour pouvoir la repousser comme incompatible avec la raison, consistent à reconnaître que nos peuples civilisés, après avoir rempli leur tâche dans le progrès du développement de l'humanité, sont parvenus au terme où tout progrès ultérieur vers nos destinées suprêmes n'est plus possible pour eux, c'est-à-dire, au terme où il leur est impossible de développer ultérieurement la raison de l'homme. Comme chez les peuples de plus en plus civilisés qui les ont précédés, la sphère d'activité de nos peuples modernes est, à son tour, accomplie dans toute son étendue. Ainsi, les peuples de l'Orient ont déduit d'abord, de leur *sentiment intime*, le problème du PRÉCEPTE MORAL, sans pouvoir le résoudre. Les Grecs et les Romains ont résolu ce problème, en développant la *raison pratique* de l'homme, et en créant ainsi l'idée du DEVOIR, sans pouvoir reconnaître la force nécessaire pour réaliser cette idée auguste. Les premiers peuples chrétiens ont entrevu cette force dans leur *sentiment religieux*, et ont ainsi posé le problème du VERBE, en le symbolisant dans notre divin Sauveur Jésus-Christ, sans pouvoir le résoudre dans l'homme lui-même. Et les nouveaux peuples chrétiens, en cherchant à résoudre ce grand problème par la réformation du christianisme, ont développé la *raison spéculative*, et ont ainsi donné une première solution de ce divin problème du Verbe, en concevant l'idée de la RÉALITÉ DE L'HOMME, sans pouvoir déterminer en quoi consiste cette auguste réalité humaine. Enfin, depuis la révolution française, les modernes peuples civilisés, en cherchant à reconnaître et à établir cette réalité de l'homme, dont ils sont devenus conscients, et ne pouvant encore *affranchir la raison de ses entraves physiques*, c'est-à-dire, des conditions temporelles du monde créé, sous lesquelles, dans le sentiment et dans la cognition, la raison se manifeste à l'homme, ils se sont naturellement partagés en deux grands partis antagonistes, suivant que, comme règle et comme motif de ce partage, l'une de ces deux facultés terrestres de l'homme, le sentiment ou la cognition, prédomine sur l'autre. Ainsi, l'un de ces partis, celui où prédomine la cognition, désirant établir la réalité de l'homme par l'homme lui-même, la borne à sa vie terrestre, parce qu'il ne peut encore concevoir la raison absolue qui, dans son sentiment, se manifeste par les deux susdits grands problèmes de l'humanité, par ceux du Précepte moral et du Verbe; et l'autre de ces partis, celui où prédomine le sentiment, et qui ne peut non plus concevoir la raison absolue, quoiqu'elle se manifeste aussi dans sa cognition, borne la réalité de l'homme à ces deux problèmes eux-mêmes, en les considérant comme étant déjà des vérités parfaitement résolues. Le premier de ces deux partis politiques, le parti progressiste, celui du droit humain, repousse, dans leur détermination véritable, les deux grands problèmes de l'humanité, parce que leur solution accomplie postule la raison absolue qu'il ne peut concevoir; et il se borne ainsi à la solution temporelle elle-même de ces problèmes augustes. Et le second de ces deux partis politiques, le parti stationnaire, celui du droit divin, repousse, par le même motif, c'est-à-dire, parce qu'il ne peut non plus concevoir la raison absolue, toute solution des deux problèmes dont il s'agit, qu'il considère comme révélés à l'homme par le Créateur, et par conséquent comme étant déjà des vérités qui n'ont besoin d'aucune solution ultérieure. — Tel est donc l'état actuel de la civilisation, cet état critique de l'humanité dans lequel, étant parvenue à accomplir son développement terrestre, elle tombe ainsi, par l'absence universelle de la raison absolue, dans une fatale et périlleuse ANTINOMIE de la raison temporelle, c'est-à-dire, dans une contradiction formelle de toutes les vérités fondamentales, qui toutes, dans ce monde créé, impliquent l'idée auguste de L'INFINI. Et pour sortir de cette dominante antinomie de la raison temporelle, il n'existe aucune, absolument aucune issue salutaire, parce que cette raison temporelle est également fondée et également puissante dans les deux grands partis antagonistes qui, comme nous venons de le reconnaître, se partagent aujourd'hui le monde civilisé; dans ces deux partis antagonistes qui sont alors, tout à la fois, et INDESTRUCTIBLES et INCONCILIABLES, de sorte qu'en désavouant ainsi la raison absolue, tout progrès ultérieur devient impossible. — C'est donc ce désaveu universel de la raison absolue, ce désaveu caractéristique de l'époque actuelle de civilisation, qui paralyse les modernes peuples civilisés, et qui, comme aux époques précédentes de l'histoire, arrête chez ces peuples tout progrès ultérieur dans le développement de l'humanité, et demande de nouveaux peuples pour continuer ce développement vers les destinées suprêmes de l'homme.

Et quels sont donc ces peuples nouveaux auxquels le destin assigne maintenant les progrès ultérieurs et peut-être définitifs de l'humanité? — Pour les reconnaître, il suffit de fixer la fonction caractéristique par laquelle ils pourront désormais, en partant du terme auquel les modernes nations civilisées ont amené le développement de l'humanité, continuer ce développement pour le conduire à son terme final, au but absolu de l'existence de l'homme sur la terre. Et d'après ce que nous venons de reconnaître concernant la limite infranchissable par les modernes nations civilisées, il est manifeste que cette fonction caractéristique des peuples nouveaux consistera dans la TRANSITION DE LA RAISON TEMPORELLE A LA RAISON ABSOLUE, c'est-à-dire, dans le développement final chez l'homme, à côté de l'impuissante RATIONALITÉ DÉTERMINATRICE de sa raison temporelle, dont le caractère inerte est le *logisme*, c'est-à-dire, la connexion des principes et des conséquences, dans le développement final, disons-nous, de la toute-puissante VIRTUALITÉ CRÉATRICE de la raison absolue, dont le caractère spontané est l'*hyperlogisme*, c'est-à-dire, l'indépendance de toute condition préalable. — Or, d'après cette fonction caractéristique des nouveaux peuples que le destin appelle ainsi à la continuation ultérieure du développement de l'humanité, et par conséquent à sa direction vers son but suprême, on conçoit que ces peuples doivent avoir la double attribution, celle de connaître, en les partageant, tous les progrès actuels de la civilisation, et celle de n'avoir, jusqu'à ce jour, manifesté aucun destin spécial. Et pour peu que l'on connaisse l'ethnographie ou la statistique, physique et morale, des nations existantes, on reconnaît que ces peuples nouveaux qui doivent maintenant continuer le développement ultérieur de l'humanité, pour la conduire à ses destinées suprêmes sur la terre, ce sont les NATIONS SLAVES, ces nations vierges, puissantes et religieuses, qui forment déjà aujourd'hui, en Europe, une population de 80 millions d'âmes.

Nous pourrions alléguer des preuves innombrables de cette haute destination providentielle des nations slaves. Mais, ces preuves seront données méthodiquement dans la présente Réforme de la Philosophie. Et nous pouvons conséquemment nous dispenser de les produire ici, d'autant plus que, pour tout homme éclairé, cette destination providentielle des nations slaves n'est plus problématique aujourd'hui. — Déjà même les nations slaves la pressentent-elles suffisamment, sans pouvoir encore la déterminer d'une manière positive et didactique, comme le prouve leur récente union idéale sous le nom indéterminé de *Panslavisme*. — Les peuples étrangers aux nations slaves croient voir, sous ce nom, une union politique; et les nations slaves n'y voient proprement qu'une tendance idéale, dont le but, jusqu'à ce jour, est demeuré un mystère pour ces nations elles-mêmes. Or, c'est ce mystère que nous dévoilons aujourd'hui; et pour que l'on ne puisse plus se tromper sur cette mission providentielle, et par conséquent sur le but de cette haute union des nations slaves, nous la nommerons *Union-Absolue*, en désignant par ce nom une troisième et dernière association morale des hommes, qui aura pour objet la DIRECTION DE L'HUMANITÉ VERS SES DESTINÉES SUPRÊMES, et qui servira ainsi à compléter les deux associations morales existantes, savoir, l'*État* et l'*Église*. — D'ailleurs, dans les Prolégomènes du Messianisme, qui forment l'INTRODUCTION à la présente Réforme générale du Savoir humain, et qui, par cette raison, doivent être étudiés préalablement, nous avons déjà, en y établissant les principes des destinées des différentes nations, fixé les hautes destinées des nations slaves, ces destinées inattendues que nous venons de signaler; et nous y avons de plus déterminé, avec précision, le caractère de l'Union-Absolue qu'avec abstraction de toute vue politique, ces nations vierges doivent actuellement constituer en premier lieu, en s'associant ainsi avec les hommes éclairés de toutes les nations, auxquels la même obligation morale de constituer aujourd'hui une telle Union-Absolue est également imposée comme un devoir suprême.

Mais, comment les hommes éclairés de nos modernes nations civilisées pourront-ils prendre part à cette nouvelle association morale, constituant l'Union-Absolue, puisque, par leur susdit désaveu de la raison inconditionnelle, ils ne pourront comprendre le saint but de cette union, ni par conséquent ressentir l'obligation morale d'y coopérer? — Cette question est sans doute superflue, parce que l'on conçoit qu'il peut y avoir, parmi nos nations civilisées, des hommes supérieurs, sans doute en petit nombre, qui, malgré leur actuel désaveu de la raison absolue, pourront, par de frappantes et puissantes actions sur leur intelligence, être amenés à cette décisive transition de la raison temporelle à la raison absolue, qui est la condition actuelle du nouveau progrès dans le développement de l'humanité, et qui devient maintenant la tâche principale des nations slaves.

Aussi, en considérant l'immense contraste entre l'infini qui est dans les présentes annonces du messianisme, et les limites actuelles des connaissances humaines, devons-nous tempérer le reproche que, plus haut, nous avons fait par rapport à ces vérités infinies, en tant qu'elles n'ont pas été aperçues par les peuples civilisés parmi lesquels nous les avons produites; et nous le devons surtout en songeant à l'impossibilité où se trouvent ces peuples de concevoir la réalité de si grands résultats. D'ailleurs, indépendamment de ces limites actuelles, et malgré un vif pressentiment de la vérité, que nous leur accorderions volontiers gratuitement, les nations civilisées ne sauraient plus croire à l'existence de pareils résultats infinis, après tant et de si cruelles espérances déçues constamment. Aussi, prévoyant cette juste méfiance, avons-nous, sans chercher à la désarmer, déposé purement et simplement ces grandes vérités messianiques dans les ouvrages où nous les avons fait connaître. En effet, comme nous l'avons dit dans le dernier de ces ouvrages, dans les susdits Prolégomènes (page 56), nous étions convaincus que l'annonce convenable de la vérité, SI ELLE EST DÉCOUVERTE, forme actuellement, après tant d'erreurs, d'une part, et après de si hardies impostures, de l'autre, un problème assez difficile à résoudre.

Et cependant, comme nous en reconnaissons enfin la grave nécessité, il faut bien, et il faut absolument résoudre ce difficile problème, pour arracher, sinon tous les peuples civilisés, du moins quelques-uns de leurs hommes supérieurs, à cette espèce de paralysie rationnelle, dans laquelle, en désavouant la possibilité de la découverte de la vérité, ils acceptent eux-mêmes leur abrutissement intellectuel, ce funeste abrutissement qui, sans la providentielle existence des nations slaves, aurait pu faire manquer les fins augustes de la création. — C'est donc à la solution de cet impératif problème, en faveur de ce petit nombre d'hommes supérieurs que nous devons, avant tout, avant même l'accomplissement final de la doctrine du messianisme, nous appliquer actuellement.

Par un bonheur également providentiel, cette solution, qui serait aujourd'hui, non-seulement difficile, mais même impossible, peut facilement être donnée par les voies mêmes du messianisme ou de la philosophie absolue qu'il s'agit ainsi d'annoncer. Nous disons que cette solution serait aujourd'hui impossible, c'est-à-dire, que la solution du problème d'annoncer convenablement la découverte de la vérité, si elle était faite réellement, ne pourrait être donnée à nos modernes nations civilisées, parce que, dans le susdit état de leur paralysie rationnelle, qu'elles considèrent comme un état éminemment spirituel, personne ne saurait parvenir, par les moyens intellectuels existants, à leur faire croire que l'homme peut, sur la terre, découvrir la vérité et arriver ainsi à la connaissance positive des conditions infinies de cette vérité absolue, nommément, à la connaissance positive de Dieu et de l'immortalité de l'âme.

Sans doute, si cette vérité absolue et ces conditions éternelles de l'homme étaient des faits ou des réalités qui existent déjà, ou du moins qui se manifestent dans ce monde, il serait peut-être possible, malgré la brute indifférence intellectuelle de nos peuples civilisés pour ces questions, il serait peut-être possible, disons-nous, malgré ce funeste aveuglement, de leur faire reconnaître ces faits positifs, soit par des observations microscopiques, soit par des expériences délicates, à l'instar de celles que l'on fait pour reconnaître les propriétés de la chaleur, de la lumière, et des autres phénomènes impondérables. Malheureusement, ces faits ou réalités absolues qui sont l'objet de l'intérêt suprême de l'homme, ne se manifestent pas dans ce monde, de manière à pouvoir être saisis par l'expérience, c'est-à-dire, par les sens, ni même de manière à pouvoir être atteints par quelques inductions rationnelles, tirées des phénomènes physiques. Bien plus, ces réalités absolues n'existent même aucunement encore dans ce monde, comme existent toutes les autres réalités qui constituent l'univers, et dont l'homme peut, par des voies, plus ou moins scientifiques, acquérir la connaissance. Ces hautes et invisibles réalités dont il est question, c'est-à-dire, la vérité absolue et ses conditions infinies, Dieu et l'immortalité de l'âme, ne peuvent, avec certitude, s'établir réellement, dans la conscience de l'homme, par aucun autre moyen que par un acte spontané de création, exercé par la toute-puissante virtualité créatrice de sa raison absolue. Et c'est pourquoi ces réalités suprêmes sont ignorées et méconnues par nos modernes peuples civilisés, au point qu'ils ne peuvent même, dans leur susdit désaveu de la raison absolue, en concevoir une idée exacte.

Comment pourrons-nous alors, précisément pour ces peuples civilisés, ou du moins pour un petit nombre de leurs hommes supérieurs, résoudre ici préalablement le susdit problème impératif, celui de leur annoncer, avec succès, la découverte de la vérité et de ses hautes et infinies conditions? — Comme nous venons de le dire, la chose est très-facile par les voies mêmes du messianisme ou de la philosophie absolue qu'il s'agit ainsi de leur annoncer. — Il suffit en effet de frapper l'esprit de ce petit nombre d'hommes supérieurs, et de porter ainsi leur attention, sinon immédiatement sur ces réalités infinies dont ils ne peuvent encore concevoir une idée exacte, mais au moins sur les réalités finies qui, dans leur actuel horizon intellectuel, constituent les objets de leurs intérêts suprêmes, ces objets pour lesquels seuls ils croient devoir vivre, et pour lesquels, conséquemment, s'ils devaient en être privés, ils sont prêts à mourir.

Et pour cela, non-seulement une, mais deux voies distinctes se présentent immédiatement, l'une positive, et l'autre négative. En effet, parmi ces réalités finies qui constituent les objets des intérêts suprêmes des modernes peuples civilisés, il doit y en avoir nécessairement qui sont vraies, parce que sans cela l'actuelle société humaine ne saurait subsister, et il doit y en avoir, tout aussi nécessairement, qui sont fausses, parce que sans cela ces modernes peuples civilisés ne seraient pas arrivés à l'abrutissement intellectuel où ils renient à l'homme la faculté de découvrir la vérité. Et alors, il suffit, par le moyen même de la philosophie absolue qu'on doit leur annoncer, d'une part, d'accomplir finalement les premières de ces réalités, celles qui sont vraies, de les accomplir surtout au delà de toute attente concevable par ces peuples civilisés, et de l'autre part, de dévoiler l'absurdité des dernières de ces réalités, de celles qui sont fausses, de la dévoiler surtout de manière à y faire renoncer nécessairement.

Il ne reste donc, pour remplir cette tâche, assez facile pour le messianisme ou la philosophie absolue, qu'à distinguer, parmi les réalités qui constituent actuellement l'intérêt suprême des hommes, celles qui sont vraies, et qu'il faut ainsi accomplir dès aujourd'hui, et celles qui sont fausses et qu'il faut de même, dès aujourd'hui, anéantir pour jamais. — Et pour cela, il suffit déjà de nous servir de la susdite annonce des grands objets du messianisme que nous avons reproduite à la tête de cette adresse aux nations slaves. En effet, dans cette annonce, se trouvent énumérées les sept réalités suprêmes de l'homme ; de sorte qu'il suffit de les comparer avec les réalités qui prédominent aujourd'hui chez les peuples civilisés, pour pouvoir distinguer,

B.

parmi ces dernières, celles qui sont vraies et celles qui sont fausses. — Nous allons le faire.

Pour ce qui concerne, d'abord, la première de ces sept réalités suprêmes de l'homme, nommément, la fondation péremptoire de la vérité sur la terre, et, à cette fin, la réalisation de la philosophie absolue, c'est là notoirement l'erreur fondamentale des modernes peuples civilisés, de ces peuples soi-disant éclairés qui, dans le progrès historique de l'humanité, se distinguent précisément par leur caractéristique désaveu de cette haute faculté de l'homme de découvrir la vérité, par ce désaveu formel qui, dans sa réaction tout aussi formelle, place ces peuples civilisés dans l'abrutissement intellectuel où, par une conséquence nécessaire et inévitable, ils se trouvent manifestement à l'égard de tout ce qu'il y a de réalité absolue dans l'homme.

Pour ce qui concerne la deuxième de ces mêmes sept réalités suprêmes de l'homme, nommément, celle qui porte sur l'accomplissement de la religion, il est notoire que chez les hommes chez lesquels prédomine la faculté du sentiment sur la faculté de la cognition, la raison absolue se révèle dans la foi religieuse, et établit ainsi, dans la conscience de ces hommes, une base, non-seulement vraie, mais immuable, pour la réalité absolue de la religion. Ainsi, cette deuxième réalité suprême, qu'avoue formellement, avec plus ou moins d'intensité, à peu près la moitié des membres composant les modernes peuples civilisés, est nécessairement ressentie, avec une intensité infinie, au moins par un petit nombre d'hommes supérieurs parmi ces membres religieux. Mais, réduite au seul sentiment de l'homme, c'est-à-dire, à nos conditions temporelles, cette haute réalité de la religion ne peut satisfaire à toutes les demandes impératives de la raison; et se trouvant alors forcée de se couvrir du voile du mystère, elle provoque, chez le petit nombre d'hommes supérieurs que nous venons de nommer, le besoin d'un accomplissement final, pour devenir, comme vraie, reconnue universellement, et surtout pour répondre à la tendance irrésistible de ces hommes supérieurs, à celle de connaître positivement nos grandes et finales destinées.

Pour ce qui concerne la troisième de ces mêmes sept réalités suprêmes, nommément, celle qui porte sur la réforme et sur l'établissement définitif des sciences, il est également notoire que chez les hommes chez lesquels prédomine la faculté de la cognition sur la faculté du sentiment, la raison absolue se révèle dans le savoir scientifique, et établit ainsi, dans la conscience de ces hommes, une base, non-seulement vraie, mais également immuable, pour la réalité absolue des sciences. Ainsi, cette troisième réalité suprême, qu'avoue de nouveau formellement, avec plus ou moins d'intensité, et à son tour, l'autre moitié des membres composant les modernes peuples civilisés, est nécessairement ressentie aussi, avec une intensité infinie, au moins par un petit nombre d'hommes supérieurs parmi ces membres savants. Mais, réduite à la seule cognition de l'homme, c'est-à-dire, à nos conditions temporelles, cette haute réalité des sciences ne peut non plus satisfaire à toutes les demandes impératives de la raison ; et se trouvant alors forcée de se servir des sens, de l'expérience, au lieu de l'intellect, pour découvrir la vérité, elle provoque de même, chez le petit nombre d'hommes supérieurs que nous venons de nommer en dernier lieu, le besoin d'un accomplissement final pour arriver à la solution des grands problèmes scientifiques que l'on ne peut résoudre aujourd'hui, et pour lesquels, dans l'état de l'actuel abrutissement intellectuel, où l'on cherche la vérité par les sens, on ne peut même prévoir la possibilité de leur solution future.

Pour ce qui concerne, enfin, les quatre dernières de ces sept réalités suprêmes, telles qu'elles sont énumérées plus haut, à la tête de cette adresse aux nations slaves, savoir, l'explication de l'histoire, la découverte du but suprême des états politiques, la fixation des fins absolues de l'homme, et la détermination des destinées des différentes nations, on conçoit facilement que ces quatre dernières réalités absolues de l'homme, qui dépendent manifestement de la première de ces sept réalités suprêmes, c'est-à-dire, de la fondation péremptoire de la vérité sur la terre, reçoivent nécessairement, chez les modernes nations civilisées, la même attribution logique de chimères impossibles à comprendre, et par conséquent à réaliser, que reçoit, chez ces nations, la première de ces sept réalités suprêmes. Ainsi, tout ce qui se rapporte à leur déclaration concernant ces quatre dernières réalités absolues de l'homme, est nécessairement erroné et même faux chez nos peuples civilisés, comme l'est notoirement leur déclaration concernant la première de ces sept réalités suprêmes, c'est-à-dire, leur désaveu formel de la découverte de la vérité absolue, et par conséquent, de sa fondation péremptoire parmi les hommes.

En résumant ces différentes attributions logiques de vérité ou de fausseté, attachées ainsi à toutes les hautes réalités que, plus ou moins clairement, peuvent concevoir les modernes peuples civilisés, nous reconnaissons qu'il n'en existe que deux qui ont le caractère de vérité, savoir, 1°. la RELIGION, du moins dans sa détermination problématique par la *foi*, c'est-à-dire, par la manifestation de la raison absolue dans notre sentiment, et 2°. les SCIENCES, du moins aussi dans leur détermination problématique par le *savoir*, c'est-à-dire, par la manifestation de la raison absolue dans notre cognition. Et pour ce qui concerne les cinq autres réalités suprêmes de l'homme, nommément : d'abord, comme principe, 1°. la découverte et l'établissement définitif de la VÉRITÉ par la philosophie; et ensuite, comme conséquences; 2°. le progrès historique de l'humanité, non-seulement dans le passé et dans le présent, mais surtout dans l'avenir; 3°. la haute direction politique des États, en vue du but suprême de cette association juridique des hommes; 4°. l'établissement et la réalisation de nos fins absolues, en considérant l'homme comme un être doué de la faculté infinie de la raison, être qui, pour accomplir sa création, doit lui-même se fixer son but absolu; enfin, 5°. la répartition des destinées humaines parmi les différentes nations, en vue de l'accomplissement solidaire et universel de toutes ces diverses fins de l'existence de l'humanité sur la terre; pour ce qui concerne, disons-nous, ces cinq autres réalités suprêmes de l'homme, nous reconnaissons, dans le présent résumé, que ces cinq réalités absolues sont, en partie, ignorées, et en partie surtout, entièrement méconnues et complétement faussées par les modernes nations civilisées.

Ainsi, pour résoudre le problème que nous nous sommes proposé en premier lieu, celui d'annoncer avec succès, au moins à un petit nombre d'hommes supérieurs chez les modernes nations civilisées, la découverte et la fondation péremptoire de la vérité, et par conséquent, la réalisation de la philosophie absolue, nous devons, d'après les conditions que nous avons reconnues plus haut, d'une part, accomplir finalement les deux réalités suprêmes de l'homme, que ces nations civilisées conçoivent déjà, savoir, la religion et les sciences, et de l'autre part, dévoiler l'absurdité des opinions qu'elles se forment sur les autres cinq réalités suprêmes, sur celles-là qu'elles ne peuvent concevoir encore, savoir, sur la vérité absolue, sur le progrès historique de l'humanité, sur le but suprême des États, sur la fin absolue de l'homme, et sur la répartition des destinées entre les différentes nations. Et nous devons surtout, d'après les conditions susdites, d'abord, accomplir les deux premières réalités suprêmes, la religion et les sciences, au delà de toute attente concevable par les nations civilisées, nommément, pour ce qui concerne la religion, en déduisant, de l'Écriture-Sainte, tous les problèmes mystérieux de l'Ancien et du Nouveau Testaments, et en donnant la solution rigoureuse de ces problèmes, pour conduire la religion révélée à la religion absolue, au paraclétisme, annoncé et promis par Jésus-Christ, et pour ce qui concerne les sciences, en découvrant leurs principes métaphysiques et leurs lois fondamentales, et en donnant, avec ces lois, la solution de tous les grands problèmes scientifiques que, jusqu'à ce jour, on n'a pu résoudre, et dont on ne conçoit même pas encore la possibilité de la solution. Et nous devons ensuite, d'après les mêmes conditions susdites, dévoiler l'absurdité des opinions que les nations civilisées se forment aujourd'hui sur les cinq autres réalités suprêmes de l'homme, de manière à ce que ces opinions absurdes soient reconnues, et par conséquent repoussées à jamais, par le petit nombre d'hommes supérieurs auxquels, chez les nations civilisées, nous destinons cette annonce de la découverte de la vérité et de la réalisation de la philosophie absolue.

Or, d'après de pareilles conditions, la solution de ce grand problème d'annoncer, avec succès, la découverte de la vérité, ne saurait être donnée autrement que par le double fait de l'existence et de la publication de la doctrine elle-même qui l'aurait produite, et qui doit ainsi la fonder péremptoirement sur la terre, ou du moins par le double fait de l'existence et de la publication des principes premiers et suffisants de toutes les parties de cette grande doctrine. Et ce sont précisément ces PRINCIPES PREMIERS ET SUFFISANTS que nous avons produits dans les *Prolégomènes du Messianisme,* dans cet ouvrage que nous avons signalé plus haut comme étant une INTRODUCTION GÉNÉRALE pour toutes les parties de la doctrine du messianisme. Ce sont donc ces Prolégomènes qui, dans les principes absolus qu'ils présentent, et dans les résultats infinis qu'ils déduisent déjà de ces principes inconditionnels, offrent manifestement, pour tout homme qui saura les approfondir, la solution en question du problème difficile d'annoncer, à nos nations civilisées, la découverte de la vérité. — On peut alors se former une idée de l'état de la culture rationnelle de ces nations, en apprenant qu'elles ne se sont nullement aperçues de cette apparition de la vérité parmi elles. Et l'on concevra que rien autre que leur susdit désaveu de la vérité absolue, c'est-à-dire, leur inébranlable conviction que l'homme ne peut découvrir la vérité, conviction qui caractérise notre actuelle époque historique, ne saurait expliquer un pareil aveuglement, cet aveuglement funeste et accompli qui rend impossible à ces peuples civilisés tout progrès ultérieur dans le développement de la raison de l'homme, et qui demande ainsi des peuples nouveaux pour continuer et accomplir ce développement progressif de l'humanité, afin de la conduire à ses destinées suprêmes sur la terre.

Dira-t-on que les Prolégomènes du Messianisme n'offraient pas de pareils principes absolus, ni de pareils résultats infinis, pour qu'on eût pu en conclure le fait de la découverte de la vérité? — Eh bien, la doctrine elle-même du messianisme, que nous publions actuellement, et qui n'aura pas d'autres principes, ni d'autres résultats essentiels que ceux que, par anticipation, nous avons publiés dans les Prolégomènes, suffira-t-elle enfin pour faire comprendre à nos peuples civilisés, ou du moins à quelques-uns de leurs hommes supérieurs, l'existence de la vérité sur la terre, lorsqu'ils y verront la solution de tous les grands problèmes, scientifiques et philosophiques, cette solution positive et rigoureuse dont ils ont déclaré l'impossibilité? — Et comme ils ne peuvent notoirement comprendre d'autres solutions que celles des problèmes scientifiques, seront-ils convaincus lorsque, déjà dans le premier tome de cette Réforme du Savoir humain, qui paraît actuellement, ils verront la solution, positive et rigoureuse, de tous les grands problèmes des sciences, mathématiques et physiques, qu'ils n'ont pu, jusqu'à ce jour, ni résoudre, ni même comprendre, de ces problèmes précisément pour la solution desquels nous avions établi les principes dans les Prolégomènes du Messianisme?

Aussi, en nous fondant sur ces solutions décisives de tous les grands problèmes scientifiques, sur ces solutions qui sont aujourd'hui aussi réelles et irréfragables qu'elles paraissaient impossibles avant l'application de nos principes philosophiques, de ces principes précisément que nous avons signalés dans les Prolégomènes, pouvons-nous, dès aujourd'hui, lorsque paraît enfin la présente réforme accomplie des mathématiques et des hautes sciences physiques, considérer ces Prolégomènes du Messianisme, qui ont ainsi offert les principes pour cette grande et difficile réforme, comme étant, par la vérité infaillible des conséquences de ces principes, prouvés rigoureusement, et même, en quelque sorte, démontrés scientifiquement. Bien plus, nous sommes maintenant en droit de repousser, comme faux, ou du moins comme insuffisants, tous les prétendus principes philosophiques qui ne pourraient également, par leur application aux sciences, conduire à la solution, pareille à celle que nous donnons actuellement, de tous les grands problèmes scientifiques; de sorte que cette puissance ou cette impuissance scientifique, dont les conditions sont d'ailleurs concevables à priori, car, comme on dit vulgairement, *qui peut faire plus, peut faire moins*, devient désormais un critérium infaillible pour juger de la vérité ou de la fausseté de toute doctrine qui se produirait encore sous le nom de PHILOSOPHIE.

Or, après avoir ainsi constaté, par notre présente Réforme des Mathématiques et par son application à la solution des grands problèmes du monde physique, la vérité des principes philosophiques que, par anticipation, nous avons produits dans les Prolégomènes du Messianisme, et par conséquent la vérité de la doctrine elle-même de ces Prolégomènes, nous pouvons maintenant, avec la même certitude de la vérité des résultats que nous obtiendrons, analyser cette doctrine pour y signaler les susdites conditions propres à résoudre le problème que nous nous sommes ici proposé en premier lieu, celui d'annoncer la découverte de la vérité. Et nous trouverons en même temps, dans cette analyse de la doctrine des Prolégomènes, un exposé succinct de la doctrine elle même du messianisme, pour laquelle ces Prolégomènes, comme nous l'avons dit déjà, présentent une introduction générale. — Nous allons le faire rapidement.

Pour ce qui concerne d'abord l'accomplissement des deux réalités suprêmes et vraies que les modernes nations civilisées conçoivent déjà, savoir, les sciences et la religion, nous avons, dans les Prolégomènes du Messianisme, sous les noms respectifs de GARANTIE SCIENTIFIQUE et de GARANTIE RELIGIEUSE de la doctrine du messianisme, donné ce double accomplissement, ou du moins établi les principes absolus pour ce double accomplissement. — Voici les points principaux de cette double garantie, points que nous allons rappeler séparément.

Dans la garantie scientifique, qui s'y trouve produite aux pages 238 à 442, nous avons offert, d'abord, aux pages 238 à 250, une première garantie, par la RÉFORME DES MATHÉMATIQUES, accomplie depuis 1810, par la découverte des *trois lois fondamentales* de cette grande science, de ces trois lois messianiques par lesquelles tous les problèmes mathématiques peuvent être résolus actuellement; et nous avons offert ensuite, aux pages 255 à 442, une seconde garantie, par la RÉFORME

DES SCIENCES PHYSIQUES, accomplie dans ces Prolégomènes par la solution rigoureuse des *trois grands problèmes* du monde physique, nommément : 1°. la solution du problème de la *construction du monde par les corps célestes*, constituant la réforme de la mécanique céleste, aux pages 255 à 305 ; 2°. la solution du problème de la *construction des corps célestes*, spécialement de la terre, *par la matière*, constituant la réforme de la mécanique terrestre, aux pages 306 à 378 ; et 3°. la solution du problème de la *construction de la matière par ses forces créatrices*, constituant la réforme des sciences physiques strictement dites (de la physique, de la chimie, etc.), aux pages 379 à 435. — Or, c'est précisément cette garantie scientifique de la doctrine du messianisme, garantie pour laquelle nous n'avons produit que les principes dans les Prolégomènes, que nous accomplissons actuellement dans le premier tome de la présente Réforme du Savoir humain, portant le titre de *Réforme des Mathématiques comme prototype de la réforme générale des Sciences*. Et c'est dans ce premier tome présent que nous produisons ainsi, pour l'accomplissement de cette garantie scientifique du messianisme, la solution rigoureuse, d'abord, de tous les grands problèmes des mathématiques, et ensuite, des trois susdits grands problèmes du monde physique.

Dans la garantie religieuse, qui se trouve produite dans les Prolégomènes, aux pages 442 à 500, et qui est fondée sur ce que nous y avons établi d'abord, sous le point de vue spéculatif, concernant la solution du problème de la religion absolue ou du *Paraclétisme* (page 179), ayant pour objet la CRÉATION PROPRE DE L'HOMME, et concernant la solution du problème de la religion révélée ou du *Christianisme-accompli* (pages 180 à 190), ayant pour objet la RÉHABILITATION SPIRITUELLE DE L'HOMME, nous avons offert principalement, comme garantie religieuse positive, la *réalisation pratique* du Christianisme-accompli, aux pages 471 à 500. Et pour cela, considérant d'abord le *Christianisme* en général, aux pages 473 à 479, nous y fixons, tout à la fois, et ses *éléments exégétiques* (page 478), et son *système didactique* (page 479), présentant, pour le christianisme-accompli, sa déduction *dogmatique*, dans une nouvelle attribution théologique de la *morale*, et sa constitution *symbolique*, dans une nouvelle détermination théologique de la *vie éternelle*. Considérant ensuite les *Églises chrétiennes* en particulier, aux pages 480 à 500, nous y distinguons les *aberrations religieuses*, dans le *mysticisme* et dans le *protestantisme* (pages 480 à 483), et l'antique *religion centrale*, composée des *deux églises catholiques*, latine et grecque, ou d'Occident et d'Orient (pages 483 à 500). Dans ces aberrations, nous reconnaissons que le mysticisme religieux est absolument impropre à produire, *par son développement*, le christianisme-accompli, et que le protestantisme religieux est essentiellement propre à amener, *par une nouvelle réforme*, ce christianisme-accompli. Et pour ce qui concerne les deux églises catholiques, latine et grecque, nous reconnaissons, par ces nouvelles considérations messianiques, qu'elles sont aujourd'hui arrêtées dans leurs progrès, prescrits par Jésus-Christ, surtout l'Église latine, par suite du susdit désaveu de la raison absolue, mais que, l'une et l'autre, ces antiques églises sont propres à amener le christianisme-accompli, *par le simple développement de leurs principes*. — Or, c'est de nouveau et précisément cette garantie religieuse de la doctrine du messianisme, garantie pour laquelle nous n'avons produit que les principes dans les Prolégomènes, que nous accomplissons actuellement dans le second tome de la présente Réforme du Savoir humain, portant le titre de *Réforme de la Philosophie, comme base de l'accomplissement de la Religion*. Et c'est dans ce second tome, tel qu'il paraîtra incessamment, que nous produirons ainsi, pour l'accomplissement de cette garantie religieuse du messianisme, la solution rigoureuse, d'abord, de tous les problèmes de la religion révélée ou du Christianisme-accompli, pour opérer la réhabilitation spirituelle de l'homme, et ensuite, de tous les problèmes de la religion-absolue ou du Paraclétisme, pour opérer la création propre de l'homme, son immortalité. — Pour se former une idée de cet accomplissement religieux dans le second tome de la présente Réforme du Savoir humain, il suffit de comparer le premier tome présent de cette Réforme, offrant l'accomplissement scientifique, avec ce qui a été dit provisoirement de cet accomplissement dans les Prolégomènes; et l'on aura l'idée de l'étendue et de la perfection de l'accomplissement religieux qu'offrira le second tome que nous annonçons.

Pour ce qui concerne ensuite les cinq autres réalités suprêmes de l'homme, celles que les modernes nations civilisées ne peuvent concevoir, et sur lesquelles elles n'ont conséquemment que des opinions défectueuses, erronées, et même tout à fait fausses, nous avons, dans les Prolégomènes du Messianisme, fixé suffisamment ces hautes réalités pour que, par l'extrême contraste de leur vérité avec les opinions erronées que s'en forment les peuples civilisés, on eût pu conclure facilement toute l'absurdité de ces opinions. — Voici de nouveau les points principaux de ces cinq réalités absolues de l'homme, points que nous allons de même rappeler séparément.

La première de ces cinq hautes réalités, c'est-à-dire, la fondation péremptoire de la vérité sur la terre, et à cette fin, la réalisation de la philosophie absolue, a été fixée, aux pages 546 à 556, dans la FONDATION du messianisme, formant le complément de la précédente garantie religieuse, de cette garantie supérieure où il faut effectivement s'élever jusqu'à la VÉRITÉ ABSOLUE pour atteindre au principe premier de la religion. Aussi, la base immuable de la fondation du messianisme dont il est ici question, est-elle formée précisément par les DEUX ÉLÉMENTS de l'essence intime de l'Archi-Absolu ou de ce qui est Indicible, par ces deux éléments qui, dans cette essence intime, sont revêtus du caractère de vérité absolue. — Et revêtue ainsi de ce caractère infaillible, cette base du messianisme, telle qu'elle était signalée dans les Prolégomènes, accusait suffisamment l'existence de la vérité absolue sur la terre, pour qu'on eût pu la reconnaître, si le désaveu de cette vérité suprême, qui caractérise nos modernes peuples civilisés, ne s'y était pas opposé invinciblement. — Eh bien, dans le second tome de la présente Réforme du Savoir humain, nommément, dans la Réforme de la Philosophie, cette vérité absolue, cette essence intime de l'Archi-Absolu, sera signalée de manière à ce que tout homme qui saura pénétrer dans ce sanctuaire, ne puisse plus en douter, en voyant surtout que c'est de ce sanctuaire qu'émane la création entière, celle de l'Univers, et même celle de Dieu.

La deuxième de ces cinq hautes réalités en question, nommément, la fin ou le but absolu de l'homme sur la terre, consistant dans sa CRÉATION PROPRE, et formant le dogme suprême du messianisme, a été fixée, à la fin des Prolégomènes, dans la genèse des *facultés hyperphysiques* de l'homme, aux pages 565 à 568. Et, comme fin absolue de toutes les actions humaines, cette haute et décisive réalité de l'homme a été reproduite nécessairement dans toutes les parties pratiques de la doctrine des Prolégomènes; de sorte que les peuples civilisés, parmi lesquels a été produit cet ouvrage, ne pouvaient méconnaître ce grand dogme du messianisme, la création propre de l'homme, autrement qu'en méconnaissant toute fin morale dans l'humanité, comme ils le font effectivement.

On conçoit de plus que deux autres des cinq réalités suprêmes dont il est ici question, savoir, le PROGRÈS HISTORIQUE de l'humanité et le BUT SUPRÊME DES ÉTATS, doivent se régler d'après cette fin ou ce but absolu de l'homme que nous venons de signaler. Et l'on conçoit en même temps que les peuples civilisés qui méconnaissent ce but final et absolu de l'homme sur la terre, ne doivent pouvoir se former une idée exacte, ni du progrès historique de l'humanité, c'est-à-dire, de ce qui constitue l'histoire, ni du but suprême des États, c'est-à-dire, de l'organisation politique que doit recevoir l'association juridique des hommes. Et de là vient précisément cette universelle tourmente politique dans laquelle vivent aujourd'hui les nations civilisées, et de laquelle elles ne pourront sortir par aucun moyen concevable par elles-mêmes. — Or, ce progrès historique, subordonné ainsi au but final et absolu de l'homme, a été signalé dans les Prolégomènes du Messianisme, aux pages 134 à 161, dans l'aperçu de la *Philosophie de l'Histoire*, extrait de cette philosophie spéciale que nous avions produite antérieurement dans la *Métapolitique messianique*. Et le but suprême des États, subordonné également au but final et absolu de l'homme, avait été signalé déjà dans cette Métapolitique messianique, et l'a été surtout dans l'*Introduction* aux Prolégomènes et dans la partie de cet ouvrage, aux pages 211 à 219, où, pour arriver par induction à la connaissance de la loi de création, on l'a tirée de la genèse des sciences morales, nommément, de la politique. — Eh bien, les nations civilisées, parmi lesquelles ont été produits ces ouvrages, n'ont pu rien comprendre à cette organisation absolue des États, qui ferait cesser toutes leurs susdites tourmentes politiques. Et en continuant ainsi à désavouer la possibilité de la découverte de la vérité, elles courent en aveugles à leur ruine imminente et inévitable, par le développement croissant, dans le bas peuple, du socialisme, du communisme, et de toutes ces combinaisons soi-disant démocratiques qui ne sont réellement que de véritables combinaisons zoocratiques. A Dieu ne plaise qu'elles reçoivent, par cette ruine, un terrible châtiment de leur susdit abrutissement intellectuel, par cette ruine qui pourrait devenir celle du monde civilisé tout entier, si la Providence n'avait prévu ce malheur et n'en avait préservé l'humanité par l'existence et par l'action directrice des nations slaves. — Nous avons ainsi prédit déjà positivement, dans nos ouvrages, cette ruine d'un grand État réformé sur de pareils principes soi-disant démocratiques, nous en avons même assigné le terme (sept années); et notre triste prédiction s'est malheureusement accomplie, même avant ce terme, car l'existence NATURELLE de cet État avait réellement cessé alors, et l'on n'a pu depuis continuer son existence ARTIFICIELLE que par ce que l'on nomme la *grande politique*, en substituant la *politique des intérêts* à la place de la *politique des idées*.

Enfin, la dernière des cinq réalités suprêmes de l'homme, de celles que les modernes nations civilisées ne peuvent concevoir, et dont elles n'ont conséquemment que de fausses idées, consiste, comme nous l'avons rappelé plus haut, dans la répartition des destinées humaines parmi les différentes nations, afin de les faire concourir solidairement à l'obtention du but final et suprême de l'humanité, à ce grand but que nous venons de signaler. Et nous avons également, dans les Prolégomènes, aux pages 500 à 546, parmi les résultats pratiques du messianisme, fixé les principes absolus de cette répartition des destinées nationales, après y avoir fait reconnaître l'absence actuelle de tout but universel pour l'humanité, c'est-à-dire, la cessation de la direction des peuples par la Providence, pour provoquer l'homme à l'établissement spontané de ses buts absolus comme être raisonnable, et après y avoir ainsi reconnu la nécessité d'une urgente *direction de l'humanité* par l'homme lui-même, nommément par l'*Union-Absolue* des hommes, par leur véritable *Sainte-Alliance*, formant leur association messianique, c'est-à-dire, la troisième et dernière association morale des hommes, destinée à compléter les deux précédentes associations morales, savoir, l'*État*, formant l'association juridique, et l'*Église*, formant l'association éthique des hommes. Nous y avons conséquemment reconnu (pag. 501 à 506) la VAINE ANTICIPATION sur cette direction de l'humanité par la diplomatie moderne, à cause de l'impossibilité actuelle de cette direction, c'est-à-dire, à cause de la double ignorance où se trouvent encore les nations civilisées, savoir, celle du *but* ou des *destinées finales* du monde, et celle des *moyens* ou de la *règle de répartition* de ces destinées entre les diverses nations existantes. Aussi, est-ce précisément par la double connaissance, et de ces *destinées finales*, et de cette *règle hodégétique*, en appliquant ces principes absolus aux nations existantes, que nous y parvenons (pages 508 à 546) à découvrir le destin absolu et suprême des trois distinctes nations européennes, nommément, 1°. le destin des nations romaines, et spécialement de la France; 2°. le destin des nations germaniques, et spécialement de l'Allemagne; et 3°. le destin des nations slaves, et spécialement de la Russie. Nous découvrons ainsi, en effet, 1°. que le destin absolu de la France (pages 508 à 513) consiste dans l'accomplissement de l'association juridique des hommes, c'est-à-dire, dans l'accomplissement de l'État, par la découverte et par la réalisation de son but suprême; 2°. que le destin absolu de l'Allemagne (pages 513 à 523) consiste dans l'accomplissement de l'association éthique des hommes, c'est-à-dire, dans l'accomplissement de l'Église, par la découverte et par la solution du dogme suprême de la religion; enfin 3°. que le destin absolu de la Russie (pag. 523 à 546) consiste dans l'accomplissement de l'association messianique des hommes, c'est-à-dire, dans l'accomplissement de leur susdite Union-Absolue, par la découverte du but absolu de l'homme, et par la direction de l'humanité vers ce but final et suprême de son existence. Et c'est ainsi qu'entièrement à priori, par la simple application des principes absolus qui sont produits dans les Prolégomènes du Messianisme, nous y parvenons à la découverte de ce nouveau destin des nations slaves, dont nous avons plus haut reconnu, tout à la fois, et la préparation providentielle, et l'actuelle et impérative urgence morale.

Or, comme nous venons de le dire, ces cinq dernières réalités suprêmes de l'homme, celles que les modernes nations civilisées ne peuvent concevoir, se trouvent signalées ainsi, dans les Prolégomènes, aux endroits que nous venons d'indiquer, avec une détermination suffisante pour que, par le contraste de leur frappante vérité à côté des opinions erronées qu'en ont ces nations civilisées, on eût pu déjà conclure facilement l'absurdité de ces opinions. Mais, ce ne sont proprement que les principes de ces hautes réalités qui se trouvent ainsi produits et fixés dans les Prolégomènes Et l'on conçoit ici également que la détermination didactique et accomplie de ces hautes réalités de l'homme, en la fondant sur leurs principes absolus, établis dans les Prolégomènes, sera donnée dans la présente Réforme du Savoir humain, nommément, dans le second tome de cette Réforme, c'est-à-dire, dans la Réforme de la Philosophie.

Toutefois, il ne faut pas s'attendre à ce que cette détermination didactique et accomplie des cinq dernières réalités suprêmes de l'homme, soit comprise immédiatement par les nations civilisées elles-mêmes. C'est tout au plus si un très-petit nombre d'hommes supérieurs de ces nations pourront les comprendre ainsi immédiatement. Et ce n'est que par la susdite voie négative que l'on pourra parvenir à faire comprendre ces cinq réalités suprêmes à toutes ces nations civilisées, en ramenant constamment à l'absurde, par la preuve apogogique, toutes les opinions et toutes les déclarations que manifesteront ces nations civilisées. Il importera donc, pour le salut de l'humanité, de créer et d'entretenir, parmi les nations civilisées, de nouveaux journaux ou écrits périodiques dont le but soit précisément, et exclusivement, cette constante et publique réduction à l'absurde de toutes les opinions et déclarations, manifestées dans le monde civilisé, concernant ces cinq réalités suprêmes de l'homme que ces nations ne peuvent encore comprendre. Et cette tâche, qui seule, entendez-vous bien SEULE, pourra sauver le monde civilisé de sa ruine imminente, appartiendra naturellement à la susdite Union-Absolue, lorsqu'elle sera formée, et provisoirement, à celles des nations slaves qui voudront ainsi exercer déjà leur influence directrice sur les nations civilisées, et par conséquent à ceux des hommes supérieurs qui, parmi ces nations civilisées, comprendront cette sainte tâche de repousser les périlleuses erreurs dominantes, afin de préserver ainsi leurs nations respectives d'une ruine inévitable. — Nous-mêmes, si les circonstances nous le permettent, nous nous proposons de relever ainsi publiquement et périodiquement, peut-être dans des *Bulletins messianiques*, les graves erreurs, scientifiques et philosophiques, surtout celles qui sont produites par des corps savants, dont l'influence publique est notoirement plus dangereuse.

Nous pensons avoir prouvé suffisamment que, par suite de la conviction erronée et inébranlable à laquelle, à force de haute civilisation, sont parvenues nos nations modernes, de cette conviction funeste que l'homme ne peut découvrir la vérité absolue, tout progrès essentiel et ultérieur de la raison de l'homme est actuellement impossible à ces nations, et par conséquent que le progrès des lumières, dont elles font tant parade, est complétement arrêté chez ces mêmes nations civilisées. Et nous pensons avoir prouvé également que, par leur nombre et leur valeur, par leur disposition providentielle, et surtout par leur profond et vif pressentiment des grandes destinées du monde, de ces destinées dont elles se sont constamment tenues éloignées jusqu'à ce jour, les nations slaves sont appelées maintenant à continuer ce développement arrêté dans le progrès des lumières, pour conduire et diriger l'humanité dans sa marche progressive vers le destin final et absolu de l'homme. — Toutefois, pour constater davantage ces décisives vérités, nous allons encore jeter un coup d'œil rapide, d'une part, sur les limites de ce progrès, infranchissables par les nations civilisées, et de l'autre part, sur la perspective infinie qu'ouvrent aujourd'hui les nations slaves.

Or, pour ce qui concerne d'abord ces limites infranchissables par les nations civilisées, il est notoire, et elles en conviennent elles-mêmes, en s'en faisant surtout un titre d'esprit supérieur et de gloire, qu'elles ne peuvent arriver à la vérité scientifique ou philosophique, physique ou morale, autrement que par le moyen des sens. Et pour peu que l'on réfléchisse sur ce mot auguste de VÉRITÉ, on conçoit, très-facilement, que ce n'est certainement pas sur la voie finie, illusoire, et surtout bornée des sens que l'homme pourra parvenir à la vérité. Mais, pour que l'on ne nous accuse pas d'inexactitude dans cette appréciation du savoir, nommément du savoir scientifique de nos modernes nations civilisées, nous allons citer les paroles récentes d'un de leurs savants distingués, de M. Flourens, qui, en parlant de celle-ci, ou de la philosophie moderne, relativement aux sciences physiques, et en y résumant l'histoire de l'Académie des sciences de Paris, dont il est un des secrétaires perpétuels, dit expressément : « D'abord cartésienne, « l'Académie devint ensuite newtonienne; mais, soit avec Descartes, « soit avec Newton, soit depuis Newton et Descartes, elle a toujours « été vouée à l'expérience. Écrire son histoire, c'est écrire l'histoire de « la méthode expérimentale. »

Ainsi, c'est par l'expérience que ces Messieurs veulent parvenir à la connaissance des FORCES CRÉATRICES de la matière et du monde physique ! — Cependant, un peu de réflexion, même sans aucune tendance philosophique, suffit pour comprendre que l'expérience, lors même qu'elle pourrait atteindre à ces forces créatrices, ce qu'elle ne peut nullement, ne saurait qu'en signaler l'existence, et ne pourrait faire connaître les CONDITIONS et les PRINCIPES de cette existence; et c'est précisément dans ces conditions et dans ces principes d'existence que se trouve la VÉRITÉ, ce seul et exclusif objet de la RAISON de l'homme, de cette faculté infinie qui, par l'acte de sa spontanéité, et non par l'inertie des sens ou de l'expérience, produit et sanctionne la vérité. — L'existence des choses, quelque délicates et superfines que soient ces choses, telles que la chaleur, la lumière, l'électricité, etc., n'est qu'un objet de l'ENTENDEMENT; objet qui, comme dépendant uniquement de cette faculté inférieure de l'homme, n'a pour lui qu'un intérêt de sa vie terrestre ou animale. La vérité de cette existence des choses, purement comme existence, est un FAIT qui s'établit et s'arrête dans la conscience empirique, passive ou animale de l'homme, et ne pénètre pas immédiatement dans sa conscience logique, active ou rationnelle. Sans doute, il importe à la vie terrestre de l'homme de connaître beaucoup de ces faits ; mais, dans cette connaissance des faits, quelque vaste qu'elle soit, il n'y a pas encore de SCIENCE. Celle-ci ne commence que lorsque, de l'individualité de ces faits, l'intelligence humaine se porte sur leur universalité, c'est-à-dire, sur les LOIS qui président à leur existence, qui règlent ou déterminent cette existence. Et elle, la science, ne s'accomplit définitivement que lorsque l'intelligence de l'homme parvient à découvrir les CONDITIONS elles-mêmes de ces lois, c'est-à-dire, l'ESSENCE INTIME des choses. — Or, ni les sens, ni même l'expérience, quelque délicate et ingénieuse qu'elle soit, ne peuvent nous faire connaître ces LOIS qui président à l'existence des choses, et encore moins les CONDITIONS elles-mêmes de ces lois ou l'ESSENCE INTIME des choses ; parce que les lois et leurs conditions sont, dans les choses, des fonctions du SAVOIR, tandis que les simples faits de l'existence ne sont, dans les choses, que des fonctions de leur ÊTRE. Ainsi, la faculté cognitive de l'*entendement* suffit pour constater, par la conscience empirique ou passive de l'homme, l'existence des choses, constituant les FAITS ; mais, il faut la faculté créatrice de la *raison* pour pouvoir, dans la conscience potentielle de l'homme, découvrir leur ESSENCE INTIME, cette CONDITION des lois de leur existence ; et il faut, pour la découverte de ces LOIS, la faculté intermédiaire du *jugement*, qui, dans la conscience logique ou active de l'homme, opère une transition de l'entendement à la raison, et réciproquement, de la raison à l'entendement. Et cette faculté intermédiaire, le jugement, peut naturellement, par une telle double transition, arriver à cette connaissance des lois qui président à l'existence des choses, nommément, d'une part, en partant de l'essence intime des choses, qui est la condition de ces lois, et en les tirant ainsi immédiatement, par *déduction*, de cette essence elle-même, ou bien, de l'autre part, en partant des simples faits de l'existence des choses, et en présumant, par *induction*, les lois de cette existence. Dans le premier cas, les lois déduites ainsi de l'essence intime des choses, sont fixées *à priori* ; elles ont alors le caractère de *nécessité*, et elles portent, dans l'intelligence, une *certitude apodictique*. Et dans le second cas, les lois induites ainsi des simples faits de l'existence des choses, sont purement présumées *à posteriori* ; elles n'ont alors que le caractère de *contingence*, et elles ne portent, dans l'intelligence, qu'une *certitude problématique*. — Quant à ces simples *faits* de l'existence des choses, lorsqu'ils sont bien constatés par l'entendement, c'est-à-dire, lorsqu'ils sont vérifiés par la jonction de la conscience logique ou active à la conscience empirique ou passive, dans laquelle ils s'établissent d'abord, ils portent alors, dans l'intelligence de l'homme, une certitude intermédiaire, entre la certitude problématique et la certude apodictique, nommément, une *certitude assertorique*.

On peut maintenant, avec facilité, se former une idée exacte des sciences expérimentales dont les savants, dans nos modernes nations civilisées, font aujourd'hui une si pompeuse parade. — On voit, d'abord, qu'à proprement parler, il n'existe pas encore, chez ces savants civilisés, de véritables sciences physiques. — Ils obtiennent bien, par leur méthode expérimentale, la connaissance de nombreux FAITS PHYSIQUES; mais, comme nous venons de le voir, ces faits, qui demeurent étrangers à toute investigation de la raison de l'homme, ne constituent pas encore la science. Ce sont tout au plus des matériaux pour les sciences à venir; des matériaux qui, en général, ne peuvent avoir aujourd'hui d'autre utilité que leur application aux arts industriels, ni par conséquent d'autre intérêt que celui qui s'attache à la vie terrestre ou animale de l'homme. Bien plus, l'accumulation continue et progressive de ces faits ou matériaux physiques, est plutôt nuisible qu'utile, parce que, d'une part, elle fait perdre de vue l'idée de la vraie science, et que, de l'autre, par la facilité que l'on a de devenir un savant en faisant des expériences quelconques, elle entraîne, dans la carrière scientifique, une foule d'hommes qui, dans la société, pourraient employer mieux leurs talents et leur fortune. — Quant aux prétendues *lois* que les savants civilisés s'empressent d'assigner à ces nombreux faits physiques, en les tirant, par une rapide induction, de ces faits bien ou mal observés, on voit maintenant, d'après ce que nous venons de reconnaître concernant le caractère logique ou plutôt psychologique de cette induction, quelle est la valeur extrêmement précaire de ces lois purement présomptives et tout à fait problématiques. Aussi, sont-ils forcés de changer et de rectifier continuellement ces prétendues lois, à mesure que de nouvelles expériences font reconnaître leur fausseté, comme cela vient de leur arriver récemment pour la célèbre loi de Boyle ou de Mariotte. En un mot, il n'y a là qu'une espèce d'anticipation illusoire sur la science, qui, par la nature purement contingente

D.

de l'induction, de cette fonction encore inerte du jugement, ne peut donner une satisfaction péremptoire à la raison de l'homme, et ne peut subsister que pour nos savants civilisés qui ne conçoivent pas, et qui, par conséquent, nient la faculté toute-puissante de l'homme de découvrir la vérité. — Enfin, pour ce qui concerne les *conditions* elles-mêmes de ces lois qui président à l'existence des faits physiques, c'est-à-dire, pour ce qui concerne l'ESSENCE INTIME de ces faits ou substances physiques, et dont la découverte demande l'action spontanée qu'exerce la raison absolue de l'homme, en fixant cette essence, par la loi de création, dans l'acte même de la création du monde, on conçoit maintenant que les savants des nations civilisées, qui désavouent l'existence dans l'homme de cette raison absolue, renoncent nécessairement, même avec gloire, à la connaissance de cette essence intime des substances physiques, et se contentent, par une orgueilleuse contradiction, de se forger, sur cette essence intime, des hypothèses, plus grossières souvent qu'elles ne sont risibles. Aussi, par suite de l'absence totale de cette véritable science physique, car c'est là, et seulement là que se trouve, pour les sciences physiques, le mystère de la vérité, nos savants civilisés sont ordinairement les hommes le moins éclairés du monde. Demandez-leur ce que c'est que la matière, la chaleur, la lumière, l'électricité, la vie, etc., toutes ces substances ou phénomènes physiques, avec les noms desquels ils font tant parade, et vous verrez qu'ils n'en savent pas plus que les autres hommes.

Pour ce qui concerne ensuite les sciences mathématiques de nos modernes nations civilisées, on dirait, et cela n'est pas une figure de rhétorique, que l'évidence infinie, et par conséquent la certitude absolue que ces sciences portent en elles, offusquaient les géomètres de ces nations civilisées, par le contraste importun de cette certitude apodictique avec la certitude purement problématique de toutes les autres connaissances scientifiques. C'est par cette raison, en effet, qu'ils ont cherché à ravaler les sciences mathématiques, en voulant en chasser l'idée de l'INFINI, ce principe de leur haute évidence et de leur certitude absolue. Pour preuve, nous rappellerons ici toutes ces bizarres explications matérialistiques qu'ils voulaient donner de l'auguste idée de l'infini par la grossière idée du fini, et nous rappellerons surtout ce premier des fameux prix décennaux, par lequel l'Académie des sciences de Paris a couronné la *Théorie des fonctions analytiques de Lagrange*, destinée à extirper ainsi des mathématiques cette importune idée de l'infini, qui, à côté des glorieuses prétentions universelles à l'animalité, accusait dans l'homme une nature ou une condition plus élevée. — De plus, choqués également par la méthode féconde de la synthèse, qui avait conduit à toutes les découvertes antérieures, mais qui, à son tour, laissait transpirer l'importune faculté créatrice de la raison absolue, les géomètres civilisés l'ont également chassée de leur science, pour lui substituer la méthode analytique, qui ne fait que découvrir les éléments ou les parties constituantes d'une idée proposée ou d'un objet donné, et qui, comme telle, est utile en chimie et en d'autres sciences expérimentales, mais stérile en mathématiques, parce qu'elle ne peut, dans son application rigoureuse, faire découvrir rien au delà de ce qui, comme élément ou comme partie constituante d'une idée donnée, est déjà contenu dans cette idée, et parce que, en mathématiques, l'idée donnée est toujours construite à priori avec tous ses éléments ou parties constituantes. Aussi, est-ce précisément à cette stérile *Analyse*, avec laquelle les géomètres modernes font tant de bruit, que l'on doit leur actuelle impuissance de faire aucune DÉCOUVERTE FONDAMENTALE, comme nous le prouvons positivement dans la présente *Réforme des Mathématiques*.

Enfin, pour ce qui concerne la philosophie de nos modernes nations civilisées, nous ne pouvons ou plutôt nous ne devons ici parler que de la philosophie de la nation germanique, de cette seule philosophie qui aujourd'hui mérite ce nom. Nous ne pourrions, en effet, parler ici de la philosophie actuelle des autres nations civilisées sans faire rire le lecteur; et nous n'avons pas pour objet, dans cette adresse aux nations slaves, de rendre ridicule aucune production humaine. Il s'agit ici de choses trop graves pour que le rire, lors même qu'il serait instructif, n'y soit entièrement déplacé. — Or, pour en venir à cette philosophie allemande, qui, à tous égards, mérite une attention sérieuse au milieu de l'actuelle confusion rationnelle des nations civilisées, nous l'avons, dans les Prolégomènes du Messianisme, caractérisée suffisamment, par le moyen absolu de la loi de création elle-même, pour que nous ne puissions nous dispenser ici de la discuter ultérieurement. Nous nous bornerons donc à rappeler la conclusion finale à laquelle nous y sommes parvenus par un tel examen génétique, ou plutôt par un tel accomplissement génétique de la philosophie allemande au moyen de la loi de création, de cette loi suprême qui préside à la genèse de toutes les réalités, et par conséquent à la genèse des vérités philosophiques. — Or, cette conclusion finale consiste en ce que, par une marche rapide et inattendue à cette époque de la civilisation, cette haute philosophie, suivant la carrière ouverte par l'immortel Kant, après avoir parcouru méthodiquement tous les échelons de l'intelligence temporelle de l'homme, et après être ainsi parvenue à découvrir le CARACTÈRE de l'Absolu, dans *l'identité primitive du savoir et de l'être*, s'est arrêtée tout à coup devant la solution du grand problème que proposait cette découverte du caractère de l'Absolu, c'est-à-dire, devant la solution du problème de l'ESSENCE INTIME de l'Absolu, conforme à ce caractère temporel, mais précis, que présente l'identité primitive du savoir et de l'être. Et cette impuissance de la philosophie allemande à résoudre ce grand problème, c'est-à-dire, à découvrir cette auguste essence intime de l'Absolu qui réponde à son haut et aujourd'hui indélébile caractère de l'identité primitive en question, provient, comme nous l'avons également reconnu dans les Prolégomènes, de l'absence actuelle, dans cette philosophie germanique, de la VIRTUALITÉ CRÉATRICE de la raison absolue, de cette décisive virtualité qui, non plus qu'aux autres nations civilisées, ne s'est pas encore révélée à cette philosophique nation germanique. Aussi, par suite de l'impossibilité où se trouvaient alors les philosophes allemands de résoudre le grand problème qu'ils venaient de poser pour l'accomplissement de la philosophie, se sont-ils rejetés en arrière, sur les échelons que Schelling, entraîné par l'impétuosité de son génie, avait franchis pour arriver à la découverte décisive du caractère de l'Absolu. Et c'est ainsi que les uns, comme le dialectique Hégel, revinrent à un pur logisme, et les autres, comme le métaphysique Krause, à un pur ontologisme, sans parler des nombreuses combinaisons d'éléments hétérogènes, par lesquelles, avec une conscience plus ou moins claire, d'illustres philosophes allemands voulaient de même satisfaire aux conditions du grand problème signalé par Schelling. Ce puissant philosophe lui-même, après avoir épuisé sa brillante imagination poétique à la solution de son problème, revint pieusement à l'idée d'une révélation universelle, présentée positivement dans le fait même de l'univers, révélation dans laquelle il croyait que la solution de ce problème se trouvait donnée.

Ainsi, ce grand et auguste problème de la découverte de l'ESSENCE INTIME de l'Absolu, conforme à son caractère indélébile de *l'identité primitive du savoir et de l'être*, se trouve maintenant proposé formellement à l'humanité ; et c'est de la solution de ce décisif problème, de cette solution difficile qui ne pourra être opérée que par le développement dans l'homme de la VIRTUALITÉ CRÉATRICE de la raison absolue, que dépend aujourd'hui le progrès ultérieur de l'humanité, pour arriver à ses destinées suprêmes, c'est-à-dire, au but final et absolu de l'homme sur la terre. — Or, c'est à ce grand et décisif progrès ultérieur et final de l'humanité que se trouvent actuellement appelées les nations slaves.

Il ne nous reste ici qu'à légitimer cette haute mission providentielle des nations slaves. Et pour le faire, nous dirons comme le disait Klopstock, en parlant de l'Allemagne, que le bras de fer de la modestie arrête nos paroles et met un frein jusqu'à nos pensées. — Nous ne pourrons donc légitimer cette grande mission des nations slaves autrement qu'en signalant et en fixant la tâche qu'on doit remplir dans son sein pour se rendre digne d'une si haute vocation. Et pour cela, il suffira de signaler, avec précision, les problèmes que doit résoudre la doctrine du messianisme, cette doctrine absolue qui émane ici du sein des nations slaves, et qui, surtout par la découverte du but final et absolu de l'homme sur la terre, c'est-à-dire, par la découverte du décisif dogme messianique de la CRÉATION PROPRE de l'homme, donne aux nations slaves le droit de présider à la direction de l'humanité vers ces destinées suprêmes, vers cet auguste et final but de l'homme sur la terre.

Nous nous bornerons donc à reproduire ici les grands problèmes du messianisme, tels que nous les avons produits dans les Prolégomènes ; et pour légitimer la présente mission providentielle des nations slaves, nous nous imposons la tâche de résoudre rigoureusement, dans la présente *Réforme du Savoir humain*, tous ces difficiles et augustes problèmes de l'humanité. — Les voici, tels que, dans les Prolégomènes (*), ils ont été déduits des sept RÉALITÉS ÉLÉMENTAIRES du monde, desquelles résultent les susdites sept RÉALITÉS SYSTÉMATIQUES et SUPRÊMES de l'homme.

Première Réalité. — Philosophie.

Problème I. — La philosophie, et nommément la philosophie absolue que le Messianisme est appelé à constituer, doit, avant tout, fonder

---

(*) Nous pouvons aujourd'hui, après la susdite fondation de la doctrine du Messianisme, telle qu'elle a été donnée dans les Prolégomènes (page 546 à 556), préciser mieux les présents problèmes de l'humanité.

une CERTITUDE INCONDITIONNELLE chez l'homme; certitude qui n'existe pas encore, et sans laquelle il ne saurait y avoir, pour l'être raisonnable, aucune VÉRITÉ ABSOLUE.

Problème II. — Elle, la philosophie, doit, en conséquence, découvrir le PRINCIPE ABSOLU du monde, c'est-à-dire, l'essence intime de l'ARCHI-ABSOLU ou de ce qui est INDICIBLE; principe duquel seul découle toute réalité, et par conséquent la certitude absolue dans le savoir humain (Problème I). — C'est la solution de ce deuxième problème qui constitue la base immuable du corps systématique de la doctrine du Messianisme.

Problème III. — Elle, la philosophie absolue, doit de plus dévoiler la CRÉATION DE L'UNIVERS, dans son origine, dans ses progrès et dans ses fins, en la déduisant tout entière du susdit principe inconditionnel de toute réalité (Problème II).

Problème IV. — Elle doit même, en se fondant toujours sur cet absolu principe de réalité, démontrer positivement, d'une manière didactique et rigoureuse, la création propre, non-seulement de l'ÊTRE-SUPRÊME, nommé DIEU, mais de plus de ses deux éléments primordiaux, qui, sous les noms augustes d'ABSOLU et de VERBE, sont, en Dieu, les principes de sa réalité.

Problème V. — Elle doit ainsi, dans l'essence de l'acte de la création, découvrir la LOI que suit nécessairement cette haute production spontanée de l'univers; et elle doit par là dévoiler la LOI DE CRÉATION, cette loi auguste qui donne naissance à toute réalité quelconque, même à celle de Dieu.

Problème VI. — Elle doit, par là même, c'est-à-dire, en connaissant la loi de création de toute réalité (Problème V), se trouver, non-seulement au-dessus de l'ERREUR, dont elle doit signaler les sources et les abîmes, mais de plus au-dessus de la VÉRITÉ, qu'elle seule peut ainsi produire et établir définitivement dans le monde.

Deuxième Réalité. — Religion.

Problème VII. — La religion, et nommément la religion absolue, le PARACLÉTISME, que la doctrine messianique est appelée à constituer, doit, munie de la loi de création, dévoiler l'origine céleste du BIEN, et l'origine infernale du MAL, en montrant que la production réelle du premier est un ouvrage spontané du Créateur, et que l'existence effective du dernier ne peut s'établir que comme ouvrage également spontané de créatures libres, douées de la puissance créatrice de la raison, dont un perversif usage peut seul introduire ainsi le mal dans le monde.

Problème VIII. — Elle, la religion, doit encore prouver que, si le mal existe effectivement sur la terre, c'est-à-dire, si l'homme, comme être raisonnable et par conséquent libre, peut donner la préférence à la maxime du mal sur la maxime du bien, cette dépravation morale de la nature humaine, cette présence ou révélation en nous de l'idée absolue du mal, loin d'être un ouvrage immédiat du Créateur, accuse au contraire une perversive création secondaire du mal, une véritable CHUTE MORALE, chez les êtres supérieurs de qui nous tenons ce funeste héritage.

Problème IX. — Elle, la religion absolue, doit alors, en suivant toujours la loi de création, décliner notre responsabilité propre de cette chute morale (Problème VIII), en prouvant qu'avant l'actuelle époque historique, c'est-à-dire, avant le développement providentiel et accompli de l'homme, où il est parvenu aujourd'hui sous ses conditions terrestres, il lui était impossible, absolument impossible de concevoir, et surtout de déterminer positivement, dans son caractère essentiel, le PROBLÈME DE SES DESTINÉES, par la solution duquel l'humanité peut actuellement se libérer de son état mortel de dépravation morale, et peut ainsi, avant tout, obtenir déjà la RÉHABILITATION de son état primitif de pureté morale; réhabilitation qui accomplira d'abord les DESTINÉES RELATIVES de l'humanité actuelle.

Première et deuxième Réalités. — Union finale de la philosophie et de la religion, constituant le Messianisme.

Problème X. — Après cet accomplissement des destinées relatives de l'actuelle espèce humaine (Problème IX), le Messianisme doit, alors seulement, déchirer le voile qui couvre le but final dans la création des êtres raisonnables, c'est-à-dire, les DESTINÉES ABSOLUES de l'humanité, en lui apprenant, d'une manière infaillible, que la solution accomplie du problème de nos destinées, c'est-à-dire, l'obtention de la VÉRITÉ et de l'IMMORTALITÉ, qui constitue nos destinées absolues, ne doit ni ne peut s'établir que comme ouvrage propre et spontané de l'homme. — En effet, le Créateur tout-puissant ne pourrait les donner à aucun être, parce que l'immortalité, ayant pour condition la connaissance de la vérité, ne peut, comme cette dernière, être produite que par l'être même qui, avec la virtualité créatrice de sa raison, peut ainsi produire en lui la vérité et son corollaire, sa propre immortalité.

Problème XI. — C'est là, sans contredit, la plus haute sagesse et la plus haute bonté du Créateur, d'avoir produit des êtres qui, à l'INSTAR DE LUI, doivent et peuvent eux-mêmes (Problème X), par la découverte de la vérité, accomplir leur création, en se donnant l'immortalité par une telle RÉALISATION DU VERBE en eux et par son IDENTIFICATION AVEC L'ABSOLU qui est l'essence de leur raison. Et c'est là ce que l'Écriture-Sainte nous a fait pressentir en disant que « Dieu a créé l'homme à son image. » — Toute autre interprétation de ces paroles de l'Écriture serait, non-seulement fausse, mais de plus absurde.

Problème XII. — Ainsi, cette production spontanée de la vérité par l'homme, c'est-à-dire, la découverte de l'ESSENCE INTIME de l'Archi-Absolu ou de ce qui est Indicible, découverte qui seule peut, non-seulement garantir, mais surtout produire (Problème XI) l'immortalité des êtres raisonnables, est l'acte de la CRÉATION PROPRE de l'homme ; acte pour lequel seul existe l'univers, et qui forme ainsi le DOGME FONDAMENTAL du Messianisme.

Problème XIII. — Enfin, la doctrine du Messianisme doit montrer combien, non-seulement toute VÉRITABLE PHILOSOPHIE, mais même toute RELIGION POSITIVE, spécialement la religion chrétienne, sont CONFORMES à la majestueuse fin de la création que nous venons de dévoiler (Problème XII), et qui seule est digne de la grandeur de Dieu. — C'est là précisément l'identification de la philosophie avec la religion, opérée conjointement par la philosophie absolue et par la religion absolue ; IDENTIFICATION qui constitue le MESSIANISME.

Troisième Réalité. — Mysticisme.

Problème XIV. — Hors de cette direction absolue de l'humanité (Problèmes X, XI, XII et XIII), tout est TÉNÈBRES, ERREUR OU PERVERSION. — Le Messianisme doit indiquer tous les précipices qui bordent ce chemin escarpé de la vérité. Il doit surtout signaler ici l'abîme de notre héréditaire dépravation morale, c'est-à-dire, la fatale présence en nous de l'idée absolue du mal ; idée dans laquelle se complaisent, sous les conditions présentes de l'homme, des êtres qui, plus intimement liés

aux auteurs infernaux de cette destructive idée absolue ou de cet[te]
chute morale, demeurent étrangers à l'actuelle espèce humaine, et [se]
constituent même ennemis du genre humain, en cherchant ainsi, da[ns]
cette confusion des deux mondes, formant le MYSTICISME, à attaque[r]
avec leur sentiment flétri par l'ancien péché du monde primitif, la p[u]reté de la raison de l'homme nouveau dans le monde présent.

Quatrième Réalité. — Église, formant l'association éthique des hommes.

Problème XV. — Par l'établissement de la susdite conformité messi[a]nique de la révélation religieuse avec la vérité philosophique (Pr[o]blème XIII), le Messianisme peut démontrer rigoureusement l'ORIGI[NE] DIVINE du christianisme, dans l'Ancien et dans le Nouveau Testament[,] et il peut alors dévoiler la VÉRITABLE DESTINATION du christianisme s[ur] la terre, dans son application à l'établissement de l'ÉGLISE ou de l'a[s]sociation éthique des hommes, ayant pour objet apparent de purifi[er] en nous, par notre propre conscience, nos MAXIMES MORALES, les pri[n]cipes intimes de nos actions, et de réaliser par là, déjà sur la terre[,] un tel RÈGNE DE DIEU. Aussi, pour l'accomplissement de cette Égli[se] chrétienne, le Messianisme doit-il, dans la vue finale des destinées a[b]solues de l'humanité (Problème X), embrasser toutes les autres re[li]gions positives, surtout celle du peuple d'Israël, de ce peuple de Die[u] qui, le premier, a eu la révélation claire du MESSIE (*), et qui seul [l'a] attendu réellement, avec autant de conscience que l'on a mis ailleu[rs] d'aveuglement à le méconnaître.

Problème XVI. — Et par conséquent, cette doctrine messianique pe[ut] et doit indiquer, d'une manière positive, les destinées inévitables [et] l'unique DIRECTION SALUTAIRE des diverses Églises chrétiennes et des a[u]tres associations religieuses, en fixant, avec infaillibilité, une RÈG[LE] HÉSOTIQUE universelle pour l'union finale de toutes ces associations éth[i]ques et de toutes les religions positives.

(*) La personnification du Messianisme dans le MESSIE ne doit être considérée q[ue] comme une expression allégorique, la seule propre, dans l'enfance de l'humanité, à ca[ractériser *in concreto* l'idée abstraite de la doctrine du Messianisme, telle que nous [la] fixons maintenant, d'une manière didactique.

E.

Cinquième Réalité. — *État,
formant l'association juridique des hommes.*

Problème XVII. — Dans la même vue des fins absolues de l'humanité, c'est-à-dire, des destinées finales des êtres raisonnables (Problème X), le Messianisme doit montrer en quoi la politique, et surtout la POLITIQUE MODERNE, est ou n'est pas conforme à ces fins augustes, seules dignes de la méditation des souverains. Et dans le cas où cette politique moderne se trouverait suivre une fausse direction, ou du moins marcher hors de toute direction salutaire, comme paraît l'accuser le désordre politique, permanent et même progressif dans tout le monde civilisé, la présente doctrine messianique, connaissant les susdites destinées absolues de l'humanité, devra et pourra facilement assigner à la politique sa VÉRITABLE DIRECTION, non comme une nouvelle utopie, mais comme un simple moyen matériel, offrant une voie praticable et bien éclairée pour arriver à ces vues finales des êtres raisonnables, en observant que c'est précisément et uniquement pour arriver à ces fins de leur création que les hommes ont besoin, dans une telle direction positive, de former l'État ou leur association juridique, ayant ainsi pour objet de constituer, par la coercition, non-seulement la moralité des ACTIONS HUMAINES, mais même le saint et final but de cette moralité, et de réaliser par là sur la terre un tel RÈGNE DE L'HOMME.

Sixième Réalité. — *Union (publique et légale),
formant l'association messianique ou directrice de l'humanité.*

Problème XVIII. — Le Messianisme doit dévoiler les conditions intellectuelles des deux partis sociaux, du DROIT HUMAIN et du DROIT DIVIN, qui se partagent aujourd'hui l'empire de la raison dans le monde. Il doit ainsi découvrir les principes du funeste et indestructible antagonisme de ces partis, c'est-à-dire, les principes de la fatale ANTINOMIE SOCIALE qui, dans l'interminable lutte de leurs assertions et de leurs prétentions, tout à la fois, et contradictoires et également fondées, menace le monde civilisé de sa destruction, et qui néanmoins paraît être l'unique voie providentielle pour arriver à l'accomplissement de nos hautes destinées. Enfin, par la connaissance positive de ces conditions et de ces principes opposés des deux partis antagonistes, INCONCILIABLES et INDESTRUCTIBLES, le Messianisme doit prévoir jusqu'à l'époque de cette fatale et inévitable perdition de l'humanité, si elle demeure ainsi abandonnée à sa propre et si funeste impulsion actuelle.

Problème XIX. — Par là même, et pour prévenir cette terrible issue du développement fatal des êtres raisonnables, le Messianisme, connaissant seul et les destinées finales de l'espèce humaine, et les moyens pour opérer la résolution ou la cessation de la critique antinomie sociale que nous venons de signaler, doit indiquer, d'une manière infaillible, la direction positive qu'une UNION D'HOMMES SUPÉRIEURS, formant, sous le nom d'UNION-ABSOLUE, l'association messianique des hommes, doit désormais donner à l'humanité, tout à la fois, et pour éviter son imminente ruine, et pour la conduire au but sublime qu'elle doit atteindre sur la terre.

Septième Réalité. — Sciences.

Problème XX. — Enfin, connaissant la loi de création de toute réalité, la doctrine du Messianisme doit et peut seule CONSTITUER PÉREMPTOIREMENT les sciences, en établissant et en réglant, d'après cette loi auguste, les divers systèmes de réalités, qui forment les objets respectifs des sciences, et qui constituent ainsi leur ENCYCLOPÉDIE ABSOLUE, cherchée en vain depuis si longtemps.

Problème XXI. — Le Messianisme doit donc donner, à toutes les sciences, leurs LÉGISLATIONS ABSOLUES, en les subordonnant, chacune séparément, d'abord, à une seule LOI SUPRÊME, comme principe premier et fondamental de leurs respectives réalités, et ensuite, à TROIS LOIS UNIVERSELLES, comme moyens de la solution de tous leurs problèmes, et cela en déduisant ces lois primordiales, dans chaque système scientifique de réalités, de l'application immédiate de la loi de création elle-même.

Tels sont donc, au nombre de vingt et un (*), les grands problèmes

---

(*) A ces vingt-un problèmes, résultant des présentes sept réalités élémentaires, et qui ne forment ainsi que les *problèmes élémentaires* de l'humanité, il faut joindre les *problèmes systématiques*, qui proviennent de la combinaison de ces vingt-un problèmes, et qui engendrent conséquemment des réalités systématiques, comme le sont les sept réalités suprêmes que nous avons signalées à la tête de cette Adresse. Ainsi, par exemple, par la

de l'humanité, dont la solution, proposée ainsi par le messianisme, doit actuellement décider du sort de l'existence des hommes sur la terre. Et c'est cette solution, non-seulement inattendue, mais déclarée impossible par les modernes nations civilisées, que la doctrine du messianisme, conçue et établie au sein des nations slaves, accepte la tâche de donner complétement et rigoureusement, dans la présente *Réforme du Savoir humain*, pour légitimer la susdite mission providentielle de ces nations vierges, celle de présider actuellement, avec ces hautes vérités messianiques, à la direction de l'humanité, afin de continuer son développement progressif, qui est maintenant arrêté chez les nations civilisées, et afin de conduire ainsi l'humanité à ses destinées suprêmes, au but final et absolu de l'homme sur la terre.

Or, déjà dans le premier tome de cette Réforme du Savoir humain, nommément dans la *Réforme des Mathématiques, offrant le prototype de la Réforme générale des Sciences*, nous présentons, par la solution complète du dernier des susdits vingt-un problèmes messianiques, une garantie préalable, et en quelque sorte infaillible, de la solution également complète de tous les autres de ces problèmes messianiques, de cette solution que nous donnerons dans le second tome de la présente Réforme du Savoir humain, c'est-à-dire, dans la *Réforme de la Philosophie*, par laquelle précisément sera obtenue cette complète solution en question des vingt autres problèmes messianiques. — Nous disons que la Réforme des Mathématiques, qui paraît aujourd'hui dans le premier tome, offre une garantie en quelque sorte infaillible de la Réforme de la Philosophie, qui va paraître incessamment dans le second tome, parce que les grands problèmes scientifiques qui sont résolus dans cette Réforme des Mathématiques, étaient également considérés comme insolubles par les savants des nations civilisées; et parce que ces problèmes exigeaient conséquemment, pour leur solution, des principes philosophiques inconnus, résultant précisément de cette réforme de la phi-

---

combinaison de trois présentes réalités élémentaires, nommément, de la quatrième, de la cinquième et de la sixième, résultent, en les considérant d'abord dans leur développement distinct, la septième réalité systématique, celle de la répartition des destinées humaines entre les différentes nations, et en les considérant ensuite dans leur développement commun et réciproque, la quatrième réalité systématique, celle du progrès historique de l'humanité. Et il en est de même de toutes les autres de ces réalités systématiques et suprêmes, qui toutes proviennent ainsi de la combinaison des présentes sept réalités élémentaires.

losophie pour laquelle ces principes féconds et supérieurs offrent ainsi une telle garantie préalable. En effet, dans cette Réforme des Mathématiques, en y comprenant la réforme des trois susdits grands problèmes du monde physique, nous parvenons, par l'application de la loi de création, qui, par anticipation, résulte de notre réforme de la philosophie, nous parvenons ainsi, disons-nous, à découvrir les PRINCIPES PHILOSOPHIQUES de ces sciences, principes dont les savants civilisés ne se doutaient même pas encore (*); et de ces principes, nous déduisons immédiatement les TROIS LOIS FONDAMENTALES de chacune de ces sciences, parmi lesquelles lois domine toujours une loi suprême, de laquelle dérivent les deux autres lois fondamentales, et par conséquent la science tout entière. — Or, ce sont ces trois lois fondamentales, constituant ainsi, dans chacune de ces sciences, sa *Loi suprême*, son *Problème-universel*, et son *Fait téléologique*, qui nous offrent les MÉTHODES ABSOLUES pour la solution de tous les problèmes de ces sciences, mathématiques et physiques. — Mais, en outre de ce procédé philosophique dans la solution de ces problèmes scientifiques, ce qui, dans cette solution, telle que la donne notre Réforme des Mathématiques, offre surtout la susdite garantie préalable et en quelque sorte infaillible de notre Réforme de la Philosophie, ce sont les résultats positifs de cette même solution scientifique, en tant qu'ils ont, si nous osons le dire, la triple perfection logique, 1°. d'être entièrement rationnels ou à priori, sans rien tirer à posteriori des sens ou de l'expérience; 2°. d'être absolument exacts ou rigoureux, et non des hypothèses ou de simples approximations; enfin, 3°. d'être entièrement accomplis, au delà de toute attente des savants civilisés, comme plus haut nous nous sommes proposé de le faire, pour annoncer ainsi la découverte de la vérité. — L'ouvrage est maintenant sous les yeux du public, qui peut juger si nous avons réellement rempli ces difficiles et décisives conditions. Nous nous bornerons donc, pour guider le lecteur dans cette vaste réforme des sciences, à ajouter ici quelques mots rapides.

Pour ce qui concerne d'abord les sciences physiques, nommément, les trois susdits grands problèmes du monde physique, nous en pré-

---

(*) Dans son *Analyse des Réfractions*, Kramp dit (page 60) expressément : « Pour ce « qui concerne les principes de la science, les plus grands géomètres sont obligés d'avouer « ingénument leur ignorance ; » et il ajoute « qu'il faut avouer de plus, que cette igno- « rance ne fait pas trop d'honneur aux mathématiques. »

sentons effectivement la solution tout à fait conforme à la triple perfection logique que nous venons de nous imposer pour condition.

Ainsi, dans le premier de ces problèmes, dans celui de la construction du monde par les corps célestes, constituant l'objet de la mécanique céleste, qui, jusqu'à ce jour, ne formait qu'une science empirique, fondée sur la célèbre loi newtonienne, reconnue, par expérience, sur le mouvement de la lune, nous découvrons, entièrement à priori, son principe premier, sa loi suprême, accompagnée de ses deux autres lois fondamentales; et nous transformons ainsi la mécanique céleste, cette science purement empirique, en une véritable science rationnelle. Appliquant alors à ce principe nouveau et infaillible, nos méthodes absolues de mathématiques, nous parvenons à la solution exacte et rigoureuse de tous les problèmes de la mécanique céleste, dont on n'a pu donner la solution jusqu'à ce jour, si ce n'est par de grossières approximations. Enfin, les lois que nous découvrons dans cette réforme de la mécanique céleste, sont universelles et s'étendent ainsi, au delà de notre système solaire, à tous les systèmes célestes, en découvrant les vraies conditions de l'équilibre permanent et universel entre tous les astres, c'est-à-dire, la véritable loi téléologique de la périodicité de leurs mouvements, et en dévoilant ainsi la fausseté des prétendues perturbations dans ces mouvements des astres. — De plus, pour la garantie scientifique de cette réforme de la mécanique céleste, nous alléguons deux exemples décisifs : l'un, par la nouvelle théorie du mouvement de la lune, de ce mouvement réfractaire dont la science n'a pu, jusqu'à ce jour, assigner les lois; et l'autre, par la théorie entièrement nouvelle du mouvement des planètes inconnues qui causent des anomalies dans le mouvement des planètes connues, cette théorie dont M. Leverrier, sans l'avouer, s'est servi pour la découverte de la planète Neptune.

De même, dans le deuxième de ces trois grands problèmes du monde physique, dans celui de la construction des corps célestes, spécialement de la terre, par la matière, constituant l'objet de la mécanique terrestre, qui, jusqu'à ce jour, ne formait qu'une science hypothétique, fondée sur les hypothèses de Newton, de Huyghens, et de Boscowich ou de Clairaut, nous découvrons, entièrement à priori, son principe premier, sa loi suprême, accompagnée aussi de ses autres lois fondamentales; et nous transformons ainsi la mécanique terrestre, cette science purement hypothétique, en une science rationnelle et positive, dans laquelle, par l'application de nos méthodes absolues de mathématiques, en prouvant la fausseté des prétendus théorèmes de Newton, de Huyghens et de Clairaut, nous parvenons à découvrir, non-seulement la vraie figure ou forme extérieure de la terre, mais de plus sa construction intérieure ou la répartition de ses masses. — Et pour la garantie scientifique de cette réforme de la mécanique terrestre, nous alléguons également ici deux exemples décisifs : l'un, pour la rectification du système métrique de la France, dont l'unité fondamentale, le mètre, est purement hypothétique, par suite de sa détermination insuffisante à l'aide de la fausse mécanique terrestre ; et l'autre, pour la rectification de la théorie des marées, qui est fondée sur les mêmes principes erronés, et dont le Bureau des longitudes de Paris se sert pour calculer les phénomènes annuels, en compromettant ainsi, sans le savoir, le salut de la marine française.

Enfin, dans le dernier de ces trois grands problèmes du monde physique, dans celui de la construction de la matière par ses forces créatrices, constituant l'objet des sciences physiques strictement dites (de la physique, de la chimie, etc.), de ces sciences qui notoirement sont encore purement hypothétiques, en reposant même sur des hypothèses aussi bizarres que risibles, par exemple, les boules atomistiques de Wollaston, rangées comme des boulets de canon dans les arsenaux, nous découvrons également les principes premiers de ces sciences, leurs respectives lois suprêmes, et nous parvenons ainsi, en signalant les forces créatrices du monde physique, à dévoiler la vraie construction de la matière dans tous ses degrés d'élaboration successive. Nous y découvrons, entre autres résultats principaux, tels que sont, par exemple, la distinction des affinités, mécanique et chimique, et l'explication qui en résulte pour le phénomène inexplicable de l'isomorphie, nous y découvrons surtout, disons-nous, la détermination dynamique ou génétique des modernes atomes chimiques, que, par un grossier retour à l'ancienne doctrine atomistique de Leucippe et Démocrite, nos physiciens et chimistes civilisés confondent avec des atomes mécaniques et même géométriques. Et par la fixation de ces conditions fondamentales, nous transformons également ces sciences purement hypothétiques en véritables sciences rationnelles et positives. — De plus, pour la garantie scientifique de cette réforme, en y embrassant les conditions mécaniques de la matière, c'est-à-dire, son mouvement, nous alléguons de nouveau deux exemples décisifs : l'un, par la vraie thermométrie, en découvrant, dans la construction intime de la matière, les vrais principes de la gradation de la chaleur, principes qui expliquent, entre autres circonstances, le phénomène singulier que le maximum du refroidissement des liquides n'est pas au moment de leur transformation en solides; et l'autre, par le mouvement spontané des corps, en découvrant les lois que suit ce mouvement spécial, lois qui deviennent aujourd'hui d'une grande importance pour la nouvelle locomotion sur les chemins de fer (*).

Pour ce qui concerne ensuite les sciences purement mathématiques, nommément, les mathématiques pures elles-mêmes, nous en présentons également la réforme en satisfaisant aux susdites trois conditions de la perfection logique des sciences, du moins aux deux dernières de ces trois conditions, parce que la première s'établit d'elle-même dans les mathématiques pures, par suite de leur susdite évidence caractéristique. — Ainsi, quant à la seconde de ces conditions, à celle qui impose la solution rigoureuse des problèmes, et qui exclut les simples approximations, nous avons pu y satisfaire facilement par la distinction que nous avons découverte et établie entre les procédés *théoriques* et les procédés *techniques*, c'est-à-dire, généralement entre la THÉORIE et la TECHNIE des sciences; distinction qui, dans les mathématiques, en signalant, d'une part, dans leur théorie, la *génération* de la NATURE des quantités, et de l'autre part, dans leur technie, la simple *évaluation* ou la MESURE des quantités, nous donne, par l'application convenable de la loi suprême et du problème-universel des mathématiques, qui sont communs à leur théorie et à leur technie, les moyens de résoudre rigoureusement tous les problèmes. Et quant à la dernière des trois conditions de la perfection logique, à celle qui impose l'accomplissement de la science, il nous a été très-facile d'y satisfaire, en portant cet accomplissement bien au delà de l'attente des géomètres parmi les nations civilisées, parce que, comme nous l'avons déjà dit plus haut, la science était arrêtée à tous ses abords, par suite de l'introduction de l'analyse à la place de la synthèse, dont la fécondité créatrice n'était plus au pouvoir des géomètres civilisés. En effet, nous avons pu facilement, par l'application de la loi suprême et du problème-universel des mathématiques, que nous venons de citer, donner la solution, dans tous leurs degrés, de tous les principaux problèmes des mathématiques pures, dont les géomètres, ne pouvant résoudre que quelques premiers

---

(*) Cette grave question est soumise au Conseil général des Ponts et Chaussées de France; et nous attendons sa décision.

degrés de ces problèmes, déclaraient l'impossibilité. — Nous pourrions alléguer ici plusieurs exemples majeurs, entre autres celui de l'intégration finie des fonctions quelconques, par le moyen des facultés algorithmiques, que nous avons introduites dans la science, intégration dont la recherche était considérée comme une folie, par Lagrange lui-même. Mais, nous devons surtout alléguer ici un exemple décisif, celui de la résolution des équations algébriques de tous les degrés. Voici ce qu'un géomètre distingué, M. Kramp, disait de la solution de ce problème :

« La solution générale des équations algébriques ne va pas au delà « du quatrième degré. Les moyens les plus ingénieux, employés par les « plus grands analystes, pour résoudre généralement les équations algé- « briques d'un degré supérieur au quatrième, n'ont servi qu'à rendre « la question plus compliquée : les plus heureux de tous ces essais ont « été encore ceux qui, après de longs et d'inutiles détours, ont ramené « leurs auteurs au point dont ils étaient partis. La raison de ce défaut « absolu de succès n'est pas encore connue; et l'on ne peut assurer, si « le problème renferme en lui-même quelque condition inconnue, mais « impossible à remplir, ou si, sans surpasser les forces de l'analyse en « général, elle surpasse seulement celles de la nôtre, et si quelque géo- « mètre des siècles à venir réussira peut-être à vaincre une difficulté « qui jusqu'ici a paru insurmontable. »

(*Arithmétique universelle de Kramp*, n°. 96, page 70, publiée en 1808.)

Eh bien, pour compléter notre Réforme des Mathématiques, nous donnons, comme une Addition à cette Réforme, la solution de ce difficile problème, dans un ouvrage qui est extrait du second tome de notre Réforme du Savoir humain, et qui paraît en même temps que la présente Réforme des Mathématiques, sous le titre : *Résolution générale des Équations algébriques de tous les degrés, précédée du Manifeste historique concernant l'actuelle Réforme du Savoir humain, et offrant, pour cette Réforme générale et absolue, tout à la fois, et sa couronne et sa garantie, par la solution philosophique du plus grand problème des sciences, de ce problème mystérieux des Équations, que les efforts de tous les savants n'ont pu, jusqu'à ce jour, ni résoudre, ni même comprendre.*

Enfin, pour bien caractériser cette réforme des mathématiques, dans la partie pure de ces sciences, nous ne saurions le faire mieux qu'en transcrivant ici le résumé que nous en avons fait, à la page cxiv du *Complément* de cette *Réforme des Mathématiques*, lorsque nous y indiquons la méthode par laquelle on doit aujourd'hui ouvrir la nouvelle et dernière période des mathématiques. — Voici donc ce résumé, en prévenant que les numéros entre parenthèses, qui y sont cités, indiquent les formules où se trouvent ces décisifs résultats :

« Quoi qu'il en arrive, la science est maintenant accomplie. — Ses « principes philosophiques sont déduits de la LOI DE CRÉATION elle-« même, de cette loi qui préside nécessairement à la génération de « tous les systèmes de réalités, et par conséquent à l'établissement de « toutes les vérités, scientifiques et philosophiques. Ses trois lois fon-« damentales, constituant la trichotomie mathématique, savoir, sa LOI « SUPRÊME, son PROBLÈME-UNIVERSEL, et son FAIT TÉLÉOLOGIQUE, sont « dévoilées. Et ses méthodes absolues, fondées sur ses trois lois fonda-« mentales, savoir, la MÉTHODE SUPRÊME (142), la MÉTHODE SECONDAIRE, « systématique (760) et élémentaire (808), et la MÉTHODE TÉLÉOLOGIQUE « (308) et (310), laquelle, sans avoir une NÉCESSITÉ absolue, présente « au moins une CONTINGENCE absolue, sont établies péremptoirement. « Bien plus, une transition de l'état relatif de la science, où elle est « demeurée jusqu'à ce jour, à son état absolu, où elle doit être portée « actuellement, savoir, la MÉTHODE PRIMORDIALE (729), qui est une an-« ticipation sur la méthode suprême (142), est développée dans tous ses « détails, et peut ainsi servir, dès aujourd'hui, même pour les géomè-« tres, nos contemporains, à entrer dans ces nouvelles et absolues voies « de la science. — Nous pouvons donc, non-seulement sans exagération, « comme nous l'avons déjà dit plus haut, mais de plus avec la certi-« tude absolue de l'assentiment de toute la postérité, déclarer ici que « la science du géomètre, la plus grande des sciences, ce prototype de « tout le savoir humain, est rigoureusement accomplie par notre PHI-« LOSOPHIE ABSOLUE, et qu'elle offre ainsi un critérium infaillible de la « toute-puissance de cette philosophie suprême. »

Nous pensons que si le second tome de notre Réforme du Savoir humain, nommément, la Réforme de la Philosophie, répond à la garantie que nous venons d'en donner dans le premier tome de cette Réforme générale, nommément, dans la présente Réforme des Mathématiques, comme prototype de la réforme générale des sciences, la doctrine du Messianisme, qui offre cette Réforme générale du Savoir humain, et qui émane du sein des nations slaves, suffira pour légitimer la susdite mission providentielle de ces nations, cette haute mission qui en tout sera conforme à cette doctrine du Messianisme. En effet, pour répondre ainsi à l'actuelle et peut-être infaillible garantie préalable, que nous offrons aujourd'hui par la réforme des sciences, il faudra, comme nous en acceptons la tâche, que la Réforme de la Philosophie, que nous produirons dans le second tome de la présente Réforme générale du Savoir humain, donne, d'après les susdites trois conditions de la perfection logique, la solution, tout à la fois, rationnelle, rigoureuse, et accomplie, des vingt-un grands problèmes messianiques que nous avons rappelés plus haut, cette grave et décisive solution, de laquelle, comme nous l'avons remarqué déjà, dépendent manifestement les destinées suprêmes de l'homme, et par conséquent la direction de l'humanité vers cette fin absolue de son existence sur la terre. Et c'est précisément cette direction de l'humanité, en tout conforme à la doctrine du Messianisme, à cette doctrine absolue qui doit donner la solution des grands problèmes en question, c'est, disons-nous, cette impérative direction de l'humanité qui est précisément l'actuelle mission providentielle des nations slaves, cette haute mission que nous nous proposons ainsi de légitimer par la solution de ces difficiles et augustes problèmes messianiques. — Nous savons bien que cette doctrine absolue, de laquelle, comme nous venons de l'apprendre, dépend actuellement le sort de l'humanité, ne sera pas cultivée, ni peut-être même adoptée immédiatement par toutes les nations slaves. Mais, nous savons aussi que cette doctrine du messianisme est une partie intégrante et inséparable de la mission providentielle de ces nations, et par conséquent que, tôt ou tard, elle sera le drapeau de leur association messianique en Union-Absolue, en Sainte-Alliance !

Nous sommes même convaincus, par les conditions caractéristiques des nations slaves, qu'aussitôt qu'elles connaîtront la présente détermination didactique de leur haute mission providentielle, surtout d'après les principes qui sont exposés et déduits dans les *Prolégomènes du Messianisme*, toutes ces nations, sans en excepter aucune, attribueront à leur mot encore indéterminé de *Panslavisme*, et par conséquent à leur universelle tendance idéale et encore mystérieuse, la signification réelle que nous venons de leur dévoiler, celle d'une nouvelle et impérative association morale pour préserver l'humanité de sa ruine imminente et surtout pour la diriger et la conduire vers ses destinées finales sur la terre, en écartant expressément de cette suprême association morale toute idée d'influence politique et d'influence religieuse, et en respectant ainsi loyalement l'autorité souveraine sous laquelle ces nations existent aujourd'hui. Nous osons même présumer assez de la vérité grave et toute-puissante des principes absolus dont il s'agit, pour croire que, lorsque cette détermination du destin des nations slaves, telle qu'elle est déjà exposée provisoirement dans les Prolégomènes du Messianisme, et telle qu'elle le sera surtout dans le second tome de la présente Réforme du Savoir humain, lorsque, disons-nous, cette détermination didactique et positive parviendra à la connaissance de l'Empereur de Russie, de ce Protecteur providentiel des nations slaves, Sa Majesté ressentira vivement cette vocation céleste et reconnaîtra même infailliblement ce saint et glorieux destin national. Aussi, quelle que soit la direction que, dans l'absence de cette haute détermination positive, on aurait pu assigner déjà au développement du puissant Empire de la Russie, ne pouvons-nous douter que son Souverain éclairé ne lui adjoigne, tôt ou tard, celle que la Providence lui a assignée pour le salut de l'humanité. Peut-être même déjà, comme tout le fait présumer, cette direction providentielle forme-t-elle au moins le principe de la secrète politique de la Russie. Ce n'est en effet que par cette supposition que l'on peut expliquer les paroles remarquables du ministre Uwarow, paroles qu'avec surprise nous avons citées dans les Prolégomènes et que voici : « Il faut guérir la nouvelle génération russe de sa préférence « pour la civilisation moderne de l'étranger. » — Toutefois, quelque profonde et peut-être infaillible que soit la conviction que portent par elles-mêmes ces vérités absolues, nous ne nous permettons que de les signaler au monde, ou plutôt nous ne faisons que remplir le devoir de rendre publiques ces vérités que Dieu nous a permis de reconnaître. Nous n'avons pas la folle prétention d'imposer nos idées aux nations; nous nous bornons à les soumettre à leur examen. Nous connaissons surtout et respectons trop l'autorité souveraine pour ignorer qu'à elle seule appartient le droit sacré de proclamer et de réaliser les vérités nouvelles. Aussi, après les avoir signalées à l'auguste attention de l'Empereur de Russie, nous ferons ici comme nous l'avons fait dans une autre occasion pareille, nous nous écarterons, avec un saint respect, du sanctuaire de sa conscience souveraine, où, recueillie en présence de Dieu, Sa Majesté prononcera seule sur le sort des nations slaves, ou plutôt sur celui de l'humanité entière. Mais, nous ne pouvons, dans ce moment, cacher la profonde émotion que nous éprouvons à l'aspect de la grandeur personnelle de ce Monarque, et qui nous fait pressentir ses dispositions éclairées et salutaires. C'est en effet ce qu'attendent de Sa Majesté ses sujets, toutes les nations slaves, la postérité, et surtout l'Éternel, dont les saintes et mystérieuses lois sont maintenant dévoilées.

Pour ce qui concerne les autres nations, nommément, les modernes nations civilisées, on peut prévoir facilement l'opposition violente qu'elles feront contre le développement de cette mission providentielle des nations slaves. Mais, conformément à tout ce que nous venons d'apprendre, il est manifeste, par suite des conditions impératives de cette mission elle-même, que l'opposition qu'on fera ainsi, ne sera pas fondée et n'aura conséquemment aucune efficacité. Le seul moyen par lequel cette opposition pourrait devenir valide, serait que les nations civilisées présentassent elles-mêmes la solution des grands problèmes messianiques que nous venons de poser pour légitimer, par leur solution, l'actuelle mission urgente de diriger l'humanité vers ses destinées suprêmes, pour l'arracher à la présente confusion absolue et universelle des idées, où elle est prête à périr. Et par conséquent, dans le cas où les modernes nations civilisées ne pourront donner cette décisive solution, et elles ne le pourront pas certainement, il faudra bien qu'elles reconnaissent la mission nouvelle des nations slaves, où cette impérative solution sera donnée.

Mais, les peuples civilisés s'écrieront sans doute : « Que nous impor-
« tent vos problèmes et leur solution ! » — Et ils nous confondront par les raisonnements irréfragables que voici :

« Vous savez bien, et vous le dites formellement, que nous sommes
« arrivés à ne plus croire à toutes ces rêveries métaphysiques. Et alors,
« c'est une contradiction de votre part de vouloir nous imposer la so-
« lution de ces rêveries. — Puisque vous êtes si savant sur les choses
« que vous croyez placées au-dessus de nous, vous devriez, d'après le
« proverbe que vous avez cité, *qui peut plus peut moins*, savoir mieux
« les choses qui nous concernent réellement et, hors desquelles, toutes
« vos argumentations n'ont aucun sens pour nous. — Nous allons vous
« les apprendre positivement et succinctement, en vous prévenant que
« nous ne reconnaissons que quatre réalités et que nous n'avons que
« sept problèmes que voici :

« *Première Réalité.* — *La Vie naturelle.* »

« *Problème* I. — La vie est le BIEN SUPRÊME de l'homme, et il doit
« conséquemment rechercher tous les moyens pour en jouir.

« *Problème* II. — Parmi ces moyens, celui de l'ASSOCIATION des hommes
« est le principal, n'importe le motif par lequel on le rendra efficace.

« *Deuxième Réalité.* — *L'Intérêt.* »

« *Problème* III. — Tout homme a le DROIT d'agir d'après son intérêt ;
« et alors, pour qu'il n'y ait pas un CONFLIT entre les intérêts des
« hommes, il faut une organisation politique de la société, organisation
« qui ne doit conséquemment avoir aucun autre objet que celui d'éviter
« ce conflit d'intérêts divers.

« *Troisième Réalité.* — *La Vie surnaturelle.* »

« *Problème* IV. — La vie humaine est soumise aux lois de la nature.
« Comme les autres êtres vivants, l'homme naît et meurt. Et puisque
« la vie est le bien suprême de l'homme (Problème I), il est consé-
« quent pour l'homme de chercher à la prolonger autant que possible,
« même ILLUSOIREMENT au delà de la mort. — De là naît le besoin so-
« cial de garantir, par une RELIGION QUELCONQUE, cette illusion aux
« hommes timorés, à ceux qui n'ont pas la force de se soumettre
« volontairement aux lois de la nature. Et pour ceux qui croiraient
« réellement à cette vie future, et qui ne voudraient pas de religion, il
« faudrait leur garantir cette croyance mystique par la déclaration que
« *l'État reconnaît l'Être-suprême et l'immortalité de l'âme.* »

« *Quatrième Réalité.* — *Sciences et Philosophie.* »

« *Problème* V. — Les sciences physiques et techniques doivent, par
« l'expérience, rechercher les moyens, d'une part, pour augmenter les
« jouissances de la vie, et de l'autre, pour diminuer les maux qui en
« sont inséparables.

« *Problème* VI. — Les sciences morales doivent, également par expé-
« rience, chercher à découvrir, dans les relations sociales, quel est l'IN-
« TÉRÊT BIEN ENTENDU des hommes.

« *Problème* VII. — Enfin, la philosophie doit, toujours par expérien-

« ce, découvrir les moyens de guérir finalement les susdits hommes
« timorés de leur ILLUSION RELIGIEUSE, et provisoirement de s'en servir
« pour arriver à l'intérêt bien entendu de toute l'humanité. »

« Voilà, poursuivront les peuples civilisés, nos problèmes et par con-
« séquent la vraie civilisation. Aussi, sont-ce ces véritables problèmes
« de civilisation que nous cherchons à résoudre, du moins nous, *hom-*
« *mes du progrès*; car, les hommes rétrogrades qui sont parmi nous,
« et que vous nommez *hommes stationnaires*, n'y pensent pas encore,
« mais ils y viendront également, lorsque, d'après notre problème VII,
« notre lumineuse philosophie les aura éclairés. — Eh bien, si vos na-
« tions slaves peuvent nous donner la solution complète de ces sept
« grands problèmes, nous les placerons à la tête de la civilisation.
« Mais, toute autre solution, nous la repousserons par la supériorité de
« nos moyens physiques, par nos sciences, et par notre philosophie.

« D'ailleurs, vos nations slaves ne demanderaient pas mieux que de
« s'approprier aussi nos avantages de civilisation, si leurs gouvernements
« despotiques ne les en empêchaient violemment. Patience, et ils y vien-
« dront à leur tour, peut-être plus tôt qu'on ne s'y attend. Voyez vos
« Slaves que l'exil a jetés parmi nous. Ils y ont bientôt oublié leur rude
« nationalité; et ils se sont empressés d'entrer dans toutes nos voies et
« errements de civilisation. Les uns se sont faits démocrates à outrance,
« en allant jusqu'au communisme; d'autres se sont faits aristocrates,
« également à outrance, en allant jusqu'au royalisme fictif; d'autres en-
« fin, se sont livrés à toutes nos élucubrations révolutionnaires, tou-
« jours à outrance, en allant jusqu'au mysticisme. Et parmi ces derniers,
« parmi vos Slaves mystiques en exil, il y en a même qui, pour plaire
« à nos théosophes civilisés, ont volé dans vos ouvrages le nom de
« *Messianisme* et l'ont adapté à nos folles rêveries théosophiques, entre
« autres, à la propagande d'une nouvelle religion, fondée sur une for-
« melle destruction de toute science, en ravalant ainsi ce beau nom de
« *Messianisme* au point qu'il ne sera plus fortune, non-seulement parmi
« nos nations civilisées, mais pas même parmi vos nations slaves (*).

(*) Comme si un homme, en s'affublant des insignes religieux qu'il aurait dérobés,
et des débris des bibliothèques que, par haine pour le savoir, il aurait vouées à l'incen-
die, pourrait en imposer au point de faire prévaloir, sur la science, la plus crasse ignorance! — Et pour répondre à ces autres imitations de la civilisation moderne qu'on nous
signale chez les exilés slaves, nous nous bornerons à faire remarquer que le plus grand
nombre de ces Slaves en exil sont restés fidèles à leur sévère et glorieuse nationalité, en

« Que nous parlez-vous donc de répartition de destinées distinctes
« entre les différentes nations! — Il n'y a pour toutes les nations qu'une
« seule destinée finale, celle de la civilisation, fondée sur la philoso-
« phie anglaise du dix-huitième siècle, de laquelle sont résultés les prin-
« cipes de la révolution française, ces principes infaillibles qui, comme
« l'a prédit Mirabeau, feront le tour du monde. Voyez les Allemands,
« qui, depuis si longtemps, se perdaient en spéculations métaphysiques
« sur la religion, et qui, dès qu'ils ont entrevu les avantages suprêmes
« de la liberté, ont bien vite oublié leurs oiseuses discussions théologi-
« ques, pour venir, à leur tour, se ranger sous les principes révolu-
« tionnaires de la liberté, ces Allemands surtout qui connaissent bien
« l'histoire et qui doivent savoir que cette liberté politique a été conçue
« par les hommes il y a plus de deux mille ans, parmi les nations
« grecques et romaines, sans qu'elle ait pu alors suffire à l'humanité. »

A cette grave remontrance des peuples civilisés, nous ne nous per-
mettrons, en forme de réplique, qu'une petite question, celle de savoir
si la moderne liberté politique, renouvelée après deux mille ans, suffira à l'humanité mieux que ne lui a suffi l'ancienne et primitive liberté politique des Grecs et des Romains, et si, pour sauver aujour-
d'hui l'humanité de son actuelle confusion rationnelle, il ne faut pas,
comme alors, quelque doctrine analogue à celle du christianisme, à
cette doctrine divine qui l'a sauvée alors, quelque doctrine surtout qui
émanerait du christianisme, où elle aurait été promise, et qui aurait
conséquemment toute son efficacité? — S'il en était ainsi, et les peuples civilisés ne peuvent ne pas admettre cette hypothèse, puisque leurs
orateurs déclarent que les sages forment leur prophétie par l'histoire,
qu'arriverait-il alors? — Il arriverait, pour le moins, ce que l'histoire
nous apprend sur les événements qui ont accompagné l'introduction et
l'établissement du christianisme, au milieu de l'ancienne haute civilisation des Grecs et des Romains. En effet, la moderne civilisation serait
vaincue à son tour, même beaucoup plus facilement; et alors, d'après

---

pressentant trop vivement leurs hautes destinées futures pour vouloir y déroger par de
telles imitations étrangères. Nous n'aurions pas assez de place ici pour citer les noms
illustres de tous ceux qui, pour le moins, déplorent, chez le petit nombre de leurs com-
patriotes privés de haute instruction, ces imitations scandaleuses et si compromettantes
pour la mission providentielle des nations slaves.

l'annonce du divin fondateur du christianisme, l'humanité, en parvenant à la vérité absolue qu'il lui a promise, accomplirait le christianisme et triompherait définitivement. — Nous disons que, cette fois-ci, la victoire serait beaucoup plus facile, parce que l'intervalle des martyrs, pour arriver à Constantin-le-Grand, n'existerait plus aujourd'hui, et parce que les nations slaves, qui apporteraient et défendraient les vérités absolues, seraient assez puissantes pour les établir sur la terre, puisque déjà elles ont été assez puissantes pour préserver récemment l'humanité de la ruine dont elle était menacée par le triomphe des susdites doctrines des peuples civilisés. D'ailleurs, le prestige de ces doctrines civilisées est disparu actuellement : les grands mots de progrès, de lumières, de sciences, de philosophie, de liberté, de paix, de triomphe de la raison, de conquêtes de la vérité, etc., etc., etc., n'ont plus aujourd'hui aucun sens, ou plutôt, comme nous venons de le démontrer dans cette Adresse aux nations slaves, ces grands mots ont aujourd'hui un sens tout à fait contraire.

Il ne reste donc, pour la défense de ces doctrines civilisées, rien autre que la prétendue puissance moderne qu'on nomme *Opinion publique*, puissance qui n'est notoirement rien de plus que la manifestation périodique, dans les journaux, des opinions personnelles et même anonymes des rédacteurs de ces journaux. Eh bien, ces opinions personnelles ne peuvent précisément être fondées que sur les doctrines civilisées qu'elles cherchent à défendre; et alors, elles n'ont pas plus de valeur ni par conséquent de puissance que ces doctrines elles-mêmes. Il suffira donc, pour paralyser leur influence, de dévoiler, journellement aussi, dans les nouveaux écrits périodiques que nous avons signalés plus haut, l'absurdité de ces manifestations journalières de la prétendue Opinion publique. Et certes, il n'y a maintenant rien de plus facile; car, il ne s'agit plus que de dévoiler l'erreur, lorsqu'on possède déjà la vérité. — D'ailleurs, quelle est au juste la valeur logique de ces opinions personnelles des journalistes dont on voudrait faire l'Opinion publique? — Ce sont, comme le dit le mot, de simples *opinions*, c'est-à-dire, de simples présomptions sur la vérité, qui sont loin de la *conviction*, et surtout très-loin de la *certitude*. Ce sont donc ces *opinions* des journalistes, dépourvues de toute *certitude*, qui forment cette redoutable puissance moderne par laquelle est actuellement gouverné le monde civilisé! — Et qui sont ces journalistes? — Ce sont généralement de simples littérateurs, qui ne connaissent que la grammaire et

G.

le dictionnaire, et qui parfois, mais très-rarement, sont, tout au plus, des hommes instruits dans des connaissances purement historiques; car, de véritables savants, en sciences morales comme en sciences physiques, qui se vouent à la recherche de la vérité dans ces différentes branches du savoir humain, et qui les enrichissent de leurs découvertes, produisent ces découvertes dans de durables ouvrages méthodiques, et ne descendent pas jusqu'au public qui lit les journaux. — Quels sont en effet les lecteurs des journaux? — A l'exception des nouvelles du jour que tout le monde peut avoir besoin de connaître, les véritables lecteurs des journaux, ceux qui y lisent ce que l'on nomme les *articles de fond*, c'est-à-dire, les articles soi-disant philosophiques sur la politique, sur la religion, sur les sciences et même sur l'industrie, sont nécessairement des hommes moins instruits que les auteurs de ces articles. Et nous venons de voir quelle est la qualité, scientifique et surtout philosophique, de ces auteurs ou rédacteurs des journaux. — Or, ce sont là, dit-on, ces rédacteurs des journaux et ces lecteurs de journaux qui forment actuellement le monde civilisé, et qui, dans leur réaction intellectuelle, constituent l'Opinion publique, cette prétendue puissance moderne qui gouverne le monde!

Mais, quand même, comme on voudrait le faire accroire, l'Opinion publique serait la manifestation des pensées de toute une nation, la question resterait la même, car il s'agirait toujours de savoir si ces pensées de toute une nation sont vraies ou fausses? — En effet, la pluralité des voix n'est pas un critérium logique pour distinguer la vérité des principes des connaissances humaines; elle suffit à peine, comme le prouve le calcul des probabilités, à distinguer la vérité des *faits*, c'est-à-dire, des objets des connaissances humaines. La découverte des principes des connaissances humaines est toujours le résultat de l'acte spontané de la raison absolue d'un seul individu; et elle ne peut conséquemment être l'ouvrage de la multitude, parce que la création d'une idée, comme création, est, dans son essence propre, un acte absolument individuel, le principe même de l'individualité. Sans doute, lorsque les principes des connaissances humaines sont ainsi découverts par des individus, ils peuvent être communiqués à la multitude, à des nations entières. Mais, cette communication nationale ne saurait manifestement ni amplifier la vérité, ni rectifier la fausseté de ces prétendus principes des connaissances humaines, conçus par des individus et communiqués à la multitude. Bien plus, lorsque ces principes favorisent les intérêts et flattent les passions de la multitude, ils dégénèrent toujours dans leur communication à cette multitude; de sorte qu'au lieu de présenter un critérium de la vérité, la pluralité des voix est presque toujours, pour les principes des connaissances, et surtout pour des principes pratiques, du moins pour ceux qui n'ont pas le caractère impératif de la nécessité morale, un critérium logique de la fausseté de ces principes. — Ainsi, l'Opinion publique, en l'étendant au delà du cercle des journaux, et en l'attribuant à une nation tout entière, serait encore plus suspecte et plus dangereuse, parce qu'il n'existerait plus aucun contrôle national pour discerner l'erreur de la vérité, et parce qu'alors on pourrait plus facilement, et tout à son aise, exploiter la crédulité de la nation (*).

Après cette déduction générale de l'Opinion publique, nous pouvons nous dispenser de nommer nous-mêmes son CARACTÈRE MORAL. Nous nous bornerons donc à la signaler comme étant évidemment et nécessairement la source de la CONFUSION RATIONNELLE qui domine aujourd'hui tous les peuples civilisés et qui les conduit ainsi à une ruine inévitable. Et nous ferons remarquer que le seul, ABSOLUMENT LE SEUL moyen de préserver l'humanité de cette ruine imminente et inévitable, consiste dans la susdite constante RÉDUCTION A L'ABSURDE de toutes les manifestations de cette prétendue Opinion publique, en lui opposant des écrits périodiques ou des journaux, fondés sur des VÉRITÉS ABSOLUES, et destinés à introduire et à faire ainsi triompher ces vérités suprêmes dans le monde, afin de conduire l'humanité à ses finales et augustes destinées sur la terre.

Nous ne doutons pas que si, parmi nos contemporains, il se trouve des hommes qui, par tout ce que nous dévoilons dans la présente Adresse aux nations slaves, comprennent, tout à la fois, et le danger imminent de l'humanité par suite du développement progressif des doctrines des nations civilisées, et le salut que présentent les vérités absolues de la doctrine du messianisme, ces hommes supérieurs ne reconnaissent que le moyen prompt d'écarter ce danger, est celui que nous signalons dans l'opposition périodique, dans cette opposition décisive que, par des journaux messianiques, il faut établir actuellement contre les manifestations périodiques de la prétendue Opinion publique chez

---

(*) C'est par cette raison que nous nous dispensons généralement de répondre aux insultes des journaux.

les nations civilisées. Et si malheureusement il ne se trouvait pas aujourd'hui de tels hommes supérieurs, il ne faudrait pas néanmoins désespérer du salut de l'humanité, parce que l'existence providentielle des nations slaves suffirait, un peu plus tardivement sans doute, pour la préserver de la ruine qu'on lui prépare. En effet, quelque lent que soit peut-être ce moyen providentiel, il sera immanquable, car c'est l'ouvrage de Dieu.

En terminant cette Adresse aux nations slaves, nous devons ici exprimer la profonde reconnaissance que son auteur porte à tous les hommes qui, par leur bienveillance, ont facilité ses travaux. Et c'est à ce titre qu'avant tout, il présente ici son hommage à la France, comme marque de gratitude pour la longue hospitalité qu'il a reçue dans ce noble pays. — Dans le second tome de cette Réforme du Savoir humain, lorsqu'il aura accompli la grande tâche présente, et lorsqu'il aura ainsi la conviction d'avoir, par ses travaux, contribué au bien de l'humanité, il prendra la liberté de nommer, malgré lui, l'homme honorable et bienveillant qui l'a aidé dans ses travaux, et à qui, s'il en résulte réellement quelque bien public, la postérité le devra principalement. Il n'oubliera pas non plus de signaler de même à la reconnaissance publique tous les autres hommes bienveillants qui lui ont prodigué leurs services, et qui ont ainsi contribué grandement à l'accomplissement de ses travaux.

Paris, le 15 août 1847.

ANTICIPATION SUR LE TOME II
DE CETTE RÉFORME DU SAVOIR HUMAIN.

Pour rassurer les hommes de bien qui auraient compris l'urgence actuelle de réaliser les présentes vérités absolues, et qui craindraient que le concours des nations slaves ne soit trop tardif, en considérant l'extrême gravité de la confusion morale et intellectuelle qui domine déjà les nations civilisées, nous devons, par anticipation sur le second tome de cette Réforme du Savoir humain, les prévenir que tous les grands et urgents intérêts de l'humanité sont déjà vivement sentis, et par conséquent garantis suffisamment par les principaux Souverains du monde civilisé. Nous ne pouvons caractériser mieux cette universelle garantie souveraine, qu'en reproduisant ici, avec leurs motifs indiqués dans nos ouvrages antérieurs, la dédicace qui est à la tête du second tome de la présente Réforme du Savoir humain, et par laquelle nous faisons hommage de ces hautes vérités aux Souverains auxquels nous osons attribuer ainsi ces augustes pressentiments, d'après ce que nous y démontrons positivement sur les différentes destinées des nations européennes. — Voici cette dédicace.

A Sa Majesté l'Empereur de Russie et Roi de Pologne, comme Protecteur providentiel du destin messianique des Nations slaves.
Voyez les *Prolégomènes du Messianisme*, pages 523 à 546.

A Leurs Majestés l'Empereur d'Autriche et le Roi de Prusse, comme Garants réciproques du destin religieux des Nations germaniques.
Voyez les *Prolégomènes du Messianisme*, pages 513 à 523.

Aux mânes de l'Empereur Napoléon, comme Révélateur du destin politique des Nations romaines, et principalement du haut destin de la France.
Voyez, dans les *Prolégomènes du Messianisme*, leur Introduction, pages 7 à 40; et dans la *Métapolitique messianique*, le Secret politique de Napoléon, pages 211 à 239, surtout le Tableau génétique de l'autorité politique, pages 261 et 262.

A Sa Majesté le Roi des Français, comme Modérateur politique dans la présente Époque critique de l'humanité.
Voyez, dans les *Prolégomènes du Messianisme*, leur susdite Introduc-

tion, pages 7 à 40, ainsi que le Programme du Destin de la France, pages 508 à 513; et dans la *Métapolitique messianique*, la Conclusion finale, pages 247 et suivantes, surtout l'Épître à Sa Majesté Louis-Philippe, pages 3 à 15, dans laquelle se trouve établi irréfragablement, ce nous semble, le PRINCIPE ABSOLU de ce que, dans l'actuelle absence de tout but providentiel de l'humanité, aucune combinaison politique, indépendante des lois impératives et par conséquent divines de la morale, ne peut ni ne doit être considérée comme valide légalement, si elle n'est pas fondée expressément sur la connaissance positive et préalable des DESTINÉES FINALES ET ABSOLUES de l'homme sur la terre.

PRINCIPE CONTRE-RÉVOLUTIONNAIRE.

Toute combinaison politique, réalisée par des hommes en dehors de l'autorité souveraine, peut n'être qu'une ERREUR, lorsqu'on ignore encore qu'à toute combinaison pareille doit présider la connaissance préalable des destinées finales et absolues de l'humanité sur la terre. Et, comme fait accompli, elle peut alors devenir légale par la sanction des autres Souverains. — Mais aujourd'hui, lorsque enfin se trouve dévoilée cette nécessité de connaître préalablement les destinées finales de l'homme, d'après lesquelles seules doit désormais s'établir toute détermination sociale, il est manifeste que des combinaisons politiques, tramées et réalisées ainsi en dehors de l'autorité souveraine, en se dispensant de cette connaissance préalable, seront, pour le moins, des FOURBERIES; et elles ne pourront devenir légales par aucune sanction quelconque. — Bien plus, vouloir maintenant étouffer par le silence, à l'aide des journaux ou d'autres moyens quelconques, ce principe fondamental et irréfragable, ce serait une véritable ESCROQUERIE PUBLIQUE, qui aurait pour objet de pouvoir impunément exploiter la nation par l'ignorance et par des révolutions.

www.ingramcontent.com/pod-product-compliance
Lightning Source LLC
LaVergne TN
LVHW022125080426
835511LV00007B/1026